久山町町制60周年

8500人のまちづくり

久山町の「これまで」と「これから」

久山町編

海鳥社

町ぐるみの健康づくり　40歳以上の全町民を対象に、九州大学、町内開業医と町が連携して行っている健康管理システムは「ひさやま方式」として広く世界に知られています。

道徳のまちづくり　誰もが笑顔の町を目指して道徳教育に力を入れています。毎月20日を「道徳の日」と定め、学校や幼稚園、地域で「あいさつ運動」を実施しています。

国史跡・首羅山遺跡　中世の山林寺院跡で、久山の豊かな歴史を物語る史跡のひとつ。町内の小学校では郷土愛を育む学習の一環としてこの遺跡が大いに活用されています。

久山町って
どんな町？

昭和31（1956）年、久原村と山田村が合併し、
久山町が誕生しました。
糟屋地区のほぼ中央にあり、
西は福岡市、東は宮若市、北は古賀市・新宮町、
南は篠栗町・粕屋町に接しています。
犬鳴連山の麓に位置し、
面積の約３分の２を山林原野が占める
自然豊かな町です。

［基本データ］

■面　積　**37.44**㎢

■人　口　**8,483**人
（平成28年８月31日現在）

■世帯数　**3,139**世帯
（平成28年８月31日現在）

■学校
中学校１校（久山中学校）
小学校２校（久原小学校／山田小学校）
幼稚園２園（久原幼稚園／山田幼稚園）

■アクセス
博多駅より⇨ JR バスで約50分／車で約35分
福岡市天神より⇨西鉄バスで約50分／車で約30分
福岡空港より⇨車で約25分
九州自動車道福岡 IC より⇨車で約10分

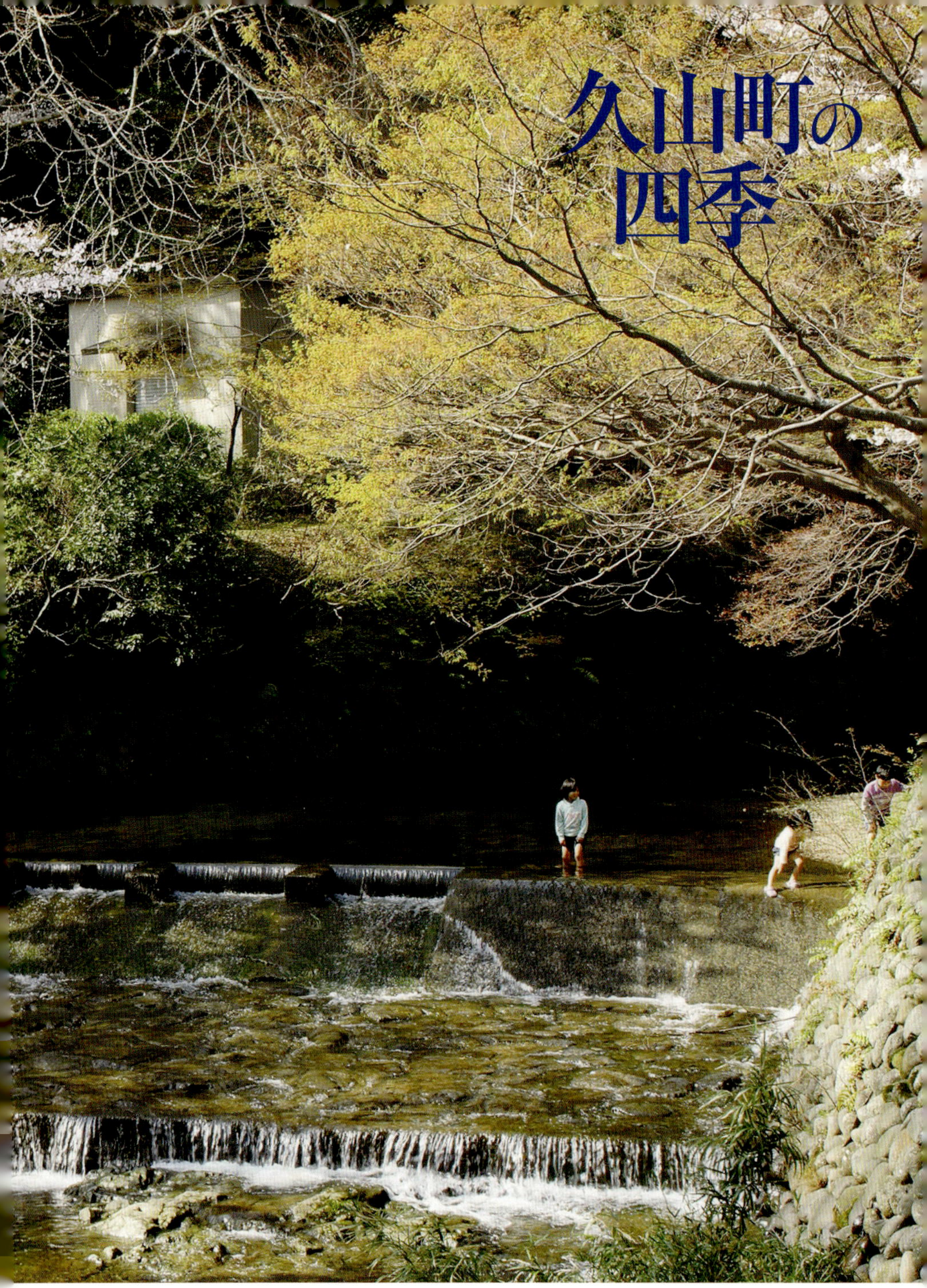

山本和弘氏撮影「水温む」（撮影地：猪野川、第２回久山町フォトコンテスト入賞作品）

福原良一氏撮影「菜の花咲くころ」
（撮影地：山田蓮輪地区、第２回久山町フォトコンテスト応募作品）

中山隆史氏撮影「語らい」
（撮影地：久原向田地区、第２回久山町フォトコンテスト入賞作品）

真道健志氏撮影「蛍舞う美しい水とみどりの久山」
（撮影地：猪野川、第２回久山町フォトコンテスト入賞作品）

伊東映子氏撮影「紫陽花の咲く頃」
(撮影地：猪野畑地区、第１回久山町フォトコンテスト入賞作品)

藤野哲次氏撮影「夏が好きな理由」（撮影地：猪野川、第２回久山町フォトコンテスト入賞作品）

福原良一氏撮影「通学路」
（撮影地：猪野恋角地区、第１回久山町フォトコンテスト入賞作品）

山部征美氏撮影「首羅の虎」
（撮影地：久原山ノ神地区・かかし祭り、第２回久山町フォトコンテスト入賞作品）

藤晃彰氏撮影「私も欲しいな」
（撮影地：久原橋本地区・かかし祭り、第２回久山町フォトコンテスト入賞作品）

田鍋博光氏撮影「紅葉そして清流」
（撮影地：猪野川、第１回久山町フォトコンテスト入賞作品）

藤野哲次氏撮影「幸せの黄色いじゅうたん」
（撮影地：上山田地区・斎宮、第２回久山町フォトコンテスト入賞作品）

田鍋博光氏撮影「五十鈴川の雪」
（撮影地：猪野川、第１回久山町フォトコンテスト入賞作品）

八五〇〇人のまちづくり

久山町長　久芳菊司

昭和三十一年九月三十日。いわゆる「昭和の大合併」の申請期限最終日に、当時の久原村・山田村の識者による劇的な判断が下され、久山町が誕生して今年で六十年を迎えることとなりました。合併当事は六六七六人の人口でスタートしましたが、六十周年を迎える本年は八四八三人（八月三十一日現在）の人口となり、ゆっくりと、そして着実に人口増加を図る政策に取り組んできた成果だと感じます。

現在、政府は、国の発展は地方の活力再生にかかっているとし、地方創生に力を注いでいます。それぞれの地域がその特色を活かし、選ばれる自治体として切磋琢磨する中で地域の活性化を図ろうとしているのです。久山町は合併後まもなく特色のあるまちづくりに着手してきました。その基盤となるのは、「国土・社会・人間の健康」を核とした、自然と共存するまちづくりの実践です。

一五〇万都市・福岡市に隣接しながら、急激な人口増加と都市化を望まず、町の九七％を市街化調整区域としながら豊かな自然や歴史遺産を保全し、「国土の健康」を維持してきました。また、これまで五十年以上にわたり九州大学と連携し実施してきた生活習慣病予防健診を基にした「人間の健康」づくりや、豊かな心を育む道徳教育の推進などによる「社会の健康」を目指し、今日の久山独自の財産を築いてきました。

本書は、六十周年の節目に当たり、久山町の良さを再発見するために、久山町に関係の深い方々、そして町外から移住されてきた方、子どもたちなど様々な視点から久山町の魅力をまとめたものです。

昨今、多くの人が「故郷回帰」や「自然回帰」、「健康寿命の延伸」、「子育て環境の充実」を望んでいますが、久山町には先人たちのご努力によりそのすべてが揃っています。自然や歴史、昔ながらのコミュニティなど、高度成長期に多くの地域でなくなってしまった、しかし、現代社会に最も必要とされるものが久山町には残っています。

確かに人口の少ない小さな町かもしれませんが、先人から託された財産を後世により良い形で伝え、力強い、そして人として豊かに生活できる町であり続けたいと思います。

今後、日本の人口が減少していくといわれる中、本町では当面の間、将来人口目標を一万人に設定し、町内外の人々との交流を促す「ひさやま猪野さくら祭り」や「フォトコンテスト」、「久山の秋の食フェスタ」など、町の魅力を発信する様々な事業に取り組んでいます。また、地域の方々にご協力いただきながら、子どもたちの総合学習などにも力を入れ、郷土を愛する心の教育を大切にしています。

自然薫るゆっくりとした時間の流れる中、これからも焦らず、急がず、「今、久山町に住む人が幸せに暮らすだけではなく、次の世代の子どもたちが、誇りと愛着を持つことができる町」、「これまで」を「これから」も守り続けます。そして町民が心豊かに暮らせる町を目指して、「小さな町だからこそできること」をまずは八五〇〇人の住民と一緒になって行い、今まで以上に心の豊かさや暮らしの安心、家族や地域の絆を実感できるまちづくりを進めていきます。

町制施行六十周年にあたって

久山町議会議長　木下康一

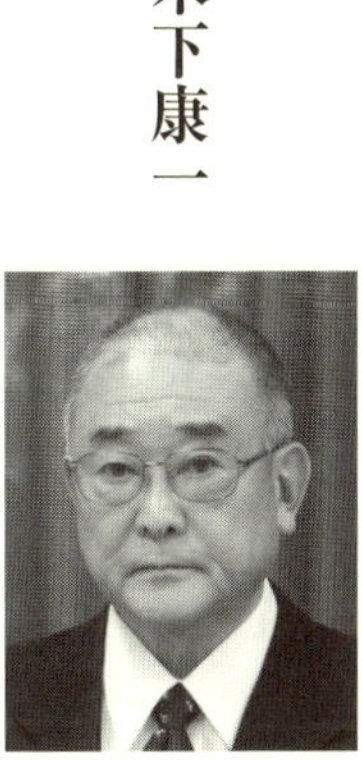

町制施行六十周年の節目の年を迎えるにあたり、議会を代表しましてご挨拶を申し上げます。

久山町は、昭和二十八（一九五三）年の町村合併促進法のあわや「時間切れ」となる昭和三十一年九月三十日夜半に、久原村と山田村の合併に伴う諸問題が合意に達したので、両村議会が緊急招集されて合併成立となりました。

難産だった久山町の合併は、間一髪のところで大団円となり、今日の繁栄に繋がっています。改めて先人たちに感謝申し上げますとともに、昭和から平成と続く激動・変革期の中を、持ち前の勤勉さと努力により、今日の久山町の礎を築いていただきました町民の皆様に、心より厚くお礼申し上げます。

昭和四十五年には全町の約九七％を市街化調整区域に指定し、計画的な土地利用を推進してきました。それにより豊かな自然環境と美しい田園風景が残っています。また、昭和三十六年からの九州大学との連携による健診事業の実績は、全国的にも高い評価を受け、健康づくりの町として注目されています。

先人たちの残されました足跡の大きさを、改めて感じております。また、その意識を引き継ぎ、次世代にどう活かしていくか真価が問われ、責務を感じます。

今日、地方自治体は地方分権の進展に伴い、地方公共団体の自主的・自立性が強く求められ、独自の自治体運営に取り組まなければなりません。そして多くの住民参加による取り組みが大事といわれています。

久山町は、今日まで基本理念であります「国土・社会・人間の三つの健康」のもと、まちづくりを推進してきました。しかし、今後は少子高齢化による人口の減少や地球温暖化による異常気象で起こる自然災害、ＴＰＰ問題等に対応していかなくてはなりません。

誰もが住んで良かったと思えるまちづくり、また町の第三次総合計画の安心・元気な「健康が薫《かお》る郷《さと》」の実現を目指し、官民挙げて取り組んでいく必要があると思います。

議会としましても、住民福祉の向上と住民の代弁者として町政の更なる発展のため、真摯に議会活動に取り組んでいく所存であります。今後ともご支援・ご協力を賜りますようお願い申し上げます。

ここに、町制施行六十周年を町民の皆様とともにお祝いし、今日まで本町発展のためご指導・ご協力賜りました関係各位に、深甚なる感謝を申し上げます。併せて町民の皆様のご健勝・ご活躍をご祈念申し上げまして、私のご挨拶といたします。

［久山町町制60周年］　８５００人のまちづくり――久山町の「これまで」と「これから」◉目次

第一章　久山自慢！　9

福原良一氏撮影「記念写真」（第２回久山町フォトコンテスト入賞作品）

第一章

久山自慢！

久山自慢

鯉がいるまち

ブナの原生林や杉が生い茂る水源の森から湧き出る美しい川、猪野《いの》川。その本流では、四季折々の風景が楽しめる。春には水面に桜の花筏《はないかだ》が連なり、夏には蛍が飛びかい、川遊びの子どもたちの笑い声が響く。秋にはモミジやイチョウで色とりどりに染まり、冬には凛とした寒さに静まりかえる。

そんな自然豊かな猪野の風景の中に、「鯉」はいる。

猪野川から引き込まれた水路では、赤や黒、白といった色とりどりの錦鯉が泳ぐ。その中でも一番人気は、頭にちょこんと朱色のハートをのせているハート模様の鯉。鯉たちに会いに来た人は、そのめずらしい鯉を一目見ようと目を凝らし、カメラを構える。鯉たちは、地元の人や猪野を訪れる人を癒し、楽しませているのだ。

鯉を飼う猪野の取り組みは、二十年以上続いているのだが、過去に存続の危機を乗り越え、現在も色々な人の手で守られているということをご存じだろうか。

今から七年前、水路からその姿が消えた。コイヘルペスが発症したのだ。コイヘル

子どもたちも
みんな鯉が大好き！

ペスが発症すれば、二年間その水に鯉を放すことはできない。訪れた人からは「鯉はいないの？」と聞かれることもあり、猪野の風景の中で何か物足りなさを感じていた。

鯉が姿を消して五年が経った頃、猪野の人たちは鯉の復活を模索していた。そんな時、鯉のいない猪野の風景をさびしいと思ってくれた方が、一五〇の野鯉を寄付してくれるという話が舞い込んできた。これを機に地元の子どもたちの手によって鯉が放流され、この場所にまた、たくさんの子どもたちの笑顔があふれた。

そして今でも、猪野の役員さんが世話をし、子どもからお年寄りまで多くの人が猪野川の清掃をすることで、鯉のいる美しい風景が保たれている。

猪野の魅力は人だ。猪野の風景には、必ず人のいとなみが関わっている。自然を通して、たくさんの人がつながっているのだ。区長さんに伺うと、「子どもたちは猪野の宝。子どもたちをいかに守っていくかをいつも考えている。お年寄りも子どもも、互いに尊敬し合い、学び合うことが大切」とおっしゃっていた。

人のつながりを絶やさず、互いに大切に思い合うことが、鯉がいるまち猪野の変わらない風景を後世に伝えるカギになるのではなかろうか。

［久山町健康福祉課・安部千晴］

一五〇万都市・福岡の隣りの小さなオアシス

人口一五〇万都市・福岡市の隣りに位置する久山町の人口は、約八五〇〇人である。なぜ福岡市から車で三十分程度の立地にもかかわらず、人口一万人に満たない小さな町なのか。それは、戦後の高度経済成長期における全国の一律的な都市化とは一線を画した、久山町独自の「まちづくり」に関係がある。

久山町は、昭和四十五（一九七〇）年に全町を都市計画区域とし、そのうち九七％を市街化調整区域に指定することによって、全国的に「都市化するのが当然」という風潮の中、それとは逆行的な「自然環境との共存」を選択したのである。それは現在も続いており、大都市の隣りにありながら、町の七〇％が森林という自然環境を維持している。「自然環境との共存」を目指したまちづくりを行った結果、久山町の美しい自然が守られてきたのであ

▶増本愛子氏撮影「久山の朝」（第１回久山町フォトコンテスト応募作品）

る。

久山町民は少し足を延ばすと福岡市の繁華街に行くことができる。その一方で、春は花見、夏は川遊び、秋の紅葉に、冬の雪化粧、と四季の移り変わりを存分に堪能することもできる。

逆に、この自然を福岡市の側から見てみると、少し足を延ばせば味わえる自然ということになる。人口増加が進む都市の人たちが、日頃の忙しさから少し離れて豊かな自然と、美しい風景に癒される。そういった場所であるという見方ができるのではないだろうか。

大都市の隣りに位置する久山町は小さな町だが、豊かな自然と美しい風景に囲まれた素敵な魅力を持った町なのである。

［久山町町民生活課・砂川政輝］

久山自慢

江戸時代から蛍の名所

久山町の自然が豊かであることは、誰もが認めるところである。この「自然の豊かさ」を測る指標は様々だが、その中でも最も分かりやすいものの一つが、「蛍が生息

していること」だろう。自然豊かな久山町にはもちろん、たくさんの蛍が生息し、毎年六月下旬から七月中旬にかけて、淡い緑の光が舞い飛ぶ姿を川沿いで見ることができる。

久山町を流れる主な川は久原《くばら》川と猪野《いの》川の二本。久原川は犬鳴《いぬなき》山系の清水が集まり新建《しんたて》川と合流し、久原地区を流れている。その中～上流にヘイケボタルが生息している。また少数ながらゲンジボタル・ヒメボタルもおり、多様な旋律からなる光のハーモニーは幻想的だ。

一方、猪野川は猪野地区と山田地区を縦断するように流れ、広い範囲にゲンジボタルが生息している。この猪野地区は昔から蛍の名所として知られ、江戸時代の宝永六（一七〇九）年に貝原益軒《かいばらえきけん》によって著された『筑前国続風土記』には「伊野の村は（中略）山花紅葉、鹿なき、猿さけひ、蛍多く、魚遊ふ」という記述があり、清流に集まる蛍が多くの人々を楽しませたであろうことが窺い知れる。

近年、雑誌などで紹介されたことで、久山町にも多くの方が蛍観賞に訪れている。周辺でも有数のスポットとなった久山町だが、町内に蛍公園のようなものはなく、大掛かりな保護活動も行われていない。それでも多くの蛍が見られるのは、久山の豊かな自然はもちろん、河川清掃など地域住民の自然愛護活動によるものが大きいと思われる。ありのままの自然に蛍が息づく。これが福岡都市圏における久山町の大きな特

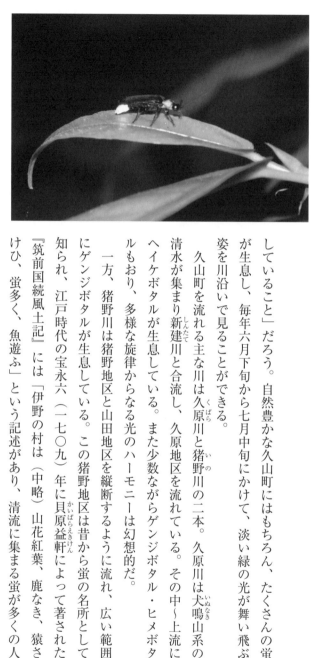

徴の一つとなっている。

〔久山町田園都市課・城戸貞人〕

桜の木一万本⁉

夏の蛍、秋の紅葉狩りが取り沙汰される久山町だが、春の桜もそれはそれは見事なものである。ここでは久山町の主な桜スポットを紹介する。

●久原《くばら》川下流

久原地区を縦断した清流が福岡市へ流れ込もうかという辺り、県道に架かる橋から上流を眺めると、澄んだ川の両岸に並んだ桜と、遠くに望む犬鳴《いぬなき》山系の対比が見事である。川岸の土手は緩やかになっており、桜に負けまいと菜の花が一面に花を咲かせる。

●久山町総合グラウンド周辺

ひさやま保育園から総合グラウンド・井牟田《いむた》池の横を通って久原小学校へ。町のメインストリートといえるこの道には多くの桜が植わっている。毎年成人した若者が植えた桜も今では大きくなっており、登下校する子どもをはじめとする通行人の目を愉

長崎啓次氏撮影「桜並木の散歩」（第１回久山町フォトコンテスト応募作品）。赤坂緑道の桜並木

しませている。

●赤坂緑道

猪野《いの》川に沿って整備され、多くの方が散策する赤坂緑道。場所によっては道の左右に桜が生えており、まるで桜のトンネルを歩いているよう。春先に行われる人気イベント「桜ウォーキング」のメインコースでもあるほか、ここから遠見岳《とおみだけ》を望む景色は写真家にも好まれているようだ。

●猪野公園周辺

伊野《いの》天照皇大神宮《てんしょうこうたいじんぐう》のお膝元である猪野公園は、町外からも花見客の訪れる名所。毎年三月末には「ひさやま猪野さくら祭り」が行われ、近年益々有名になっている。公園の裏手にある「桜山」は地元住民による植樹が進み、数年後には山肌が桜色一色になるのだとか。

＊

新緑と青空に抱かれた満開の桜が美しい久山の春。かつて下久原には筑前一の大桜があったという。町のどこへ行っても見られる桜。一体何本あるのだろう。百本？　千本？　もしかしたら一万本……かも。自然散策も兼ねて、数えてみてはいかがだろうか。

〔久山町田園都市課・城戸貞人〕

久山自慢

花いっぱいのまち

緑豊かな久山町の町なかで、最近色とりどりの花が咲く花壇を所々で見かけるようになった。もちろん以前から庭に花を植えている方はいただろうが、道路沿いや河川敷など、いわゆる公共用地に設《しつら》えた花壇に、常緑の植栽ではなく季節の花々が見られるようになったのはここ数年のことである。

自然に囲まれた久山町で「なぜわざわざ花を?」と不思議に思われるかもしれない。久山町は市内から車で三十分と交通アクセスもよく、福岡都市圏にありながら、今もなお懐かしい田園風景が色濃く残る人口八五〇〇人の町である。そんな久山町には山や川など自然がたくさんあるのだが、はたしてそれだけで魅力になりうるのか。訪れた人はもとより、住んでいる人にも花によって心の安らぎを感じてもらいたいと考え、この花いっぱいの活動が始まった。平成二十三年度から町の助成事業を開始し、六年目となる今年は約二十近い花植え団体が活動を行っている。

花植えをしている人たちの話を聞いてみると、大変なことは「水遣り」と「雑草と

久原小学校横の花壇

の闘い」だそうだ。盛夏のころは一雨降るとあっという間に草が伸びてくる。一週間も放っておくと、植えた花が隠れてしまうくらいになる。それでも、喜びもあるという。花の手入れをしている時に通りがかりの人から「ここの花が綺麗なので散歩コースに入れたとよ」とか「あんたたちがしてやりよーと。ありがとうね」などと声を掛けられたりすることだそうだ。

　井《い》牟《む》田《た》池の湖面を滑るように泳ぐ白鳥も、水面下では一生懸命に足を動かしているという。美しく咲く花々も、それを支えるのは、お世話する人々のおかげである。美しい花壇を見るたびに感謝の思いが湧いてくる。この取り組みはまだ始まったばかり。将来は町のいたるところで季節の花々が楽しめるようになることが一つの目標。花壇の花によって、一人でも多くの人の心に花を咲かせ、多くの笑顔が咲く町になることを願って。

［久山町魅力づくり推進課・安部憲一郎］

平成28年の成人式

久山自慢

みんな友達！

久山町の人口は現在八五〇〇人。明治十七（一八八四）年には三二七九人だから、人の移動が少ないことがこの町の特徴でもある。これは、高度成長期に町の九七％を市街化調整区域としたため、一五〇万都市・福岡市に隣接しながら、他からの人口流入があまりなかったことに原因がある。確かに古文書を見ても、多分この人はここの家のご先祖さまなんだろうな、ということが容易に分かってしまう。あちらとあちらは親戚で……という話は日常茶飯事で、なんとなくみんなつながっている感じがあり、町を歩けば、顔を知っている人ばかりというのもこの町ならではのよさでもある。

毎年一月の成人の日に町主催で成人式が行われる。小学校が二校、中学校は一校しかないため、子どもたちもみんな顔見知りである。高校入学とともに散り散りになって、それぞれの道を進んでいる子どもたちも、そして親たちも、成人式を楽しみにしてくれている。その参加率九〇%以上（平成二十八年）。成人式は今も厳かに行われ、その後はみんなで同窓会を行っている。親も子どもたちも昔を懐かしみ、再会を喜び合う、とてもいい行事である。

そして、また大人になってからも同年寄りをはじめ様々な集まりがあり、旅行に行ったり、宴会をしたりと楽しいイベントが多いのである。

［久山町教育委員会教育課・江上智恵］

久山自慢

リアル案山子と元祖もみ殻アート

近頃、秋になると上久原《かみくばら》のいたるところにリアルな案山子《かかし》が登場する。軒先の干し柿を狙う子どもたち、押し車を押すおばあさん、「さなぼり」と呼ばれる稲の収穫後の宴会での酔っ払い、野球をする少年たち、魚とりに川にもぐる子ども、なんとなく懐かしい風景が、のどかな田園風景のなかに描かれているのが特徴だ。案山子の展示の最中には、「上久原ふるさと祭り」が開かれ、多くの人で賑わう。

案山子の登場は平成二十四（二〇一二）年に遡る。上久原にある国史跡・首羅山《しゅらさん》遺

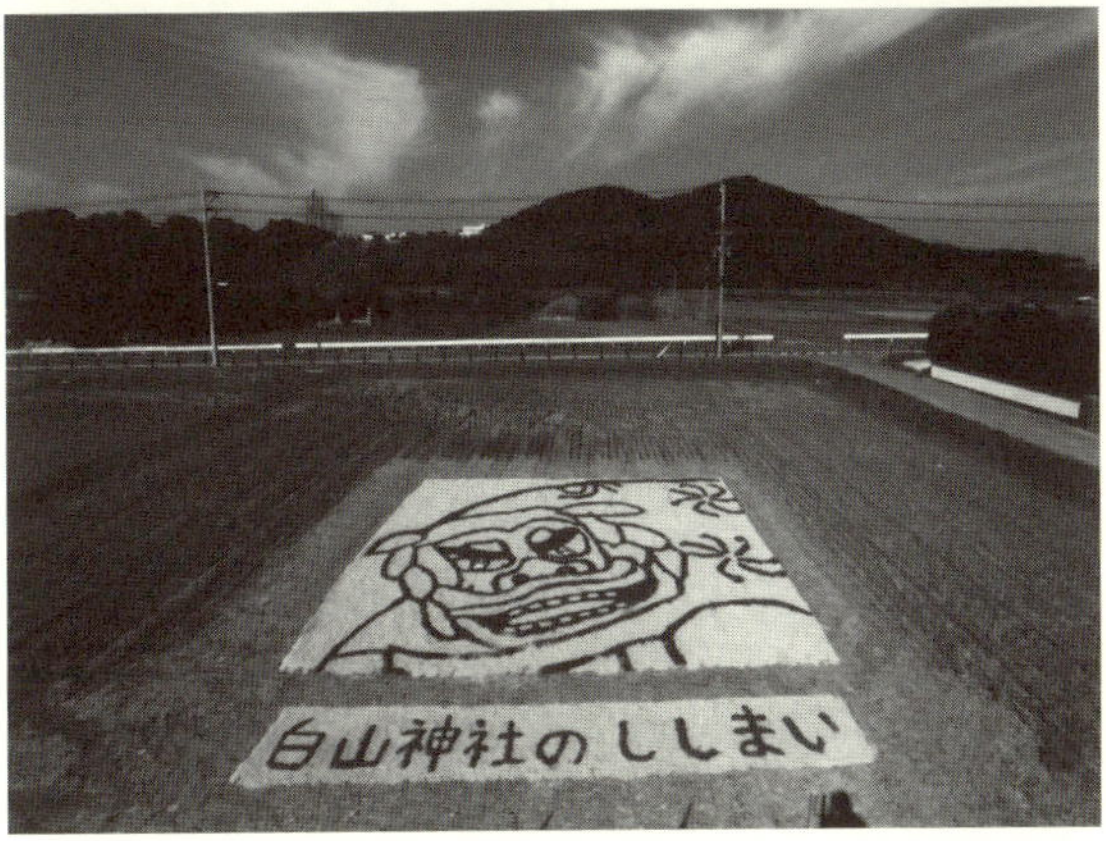

上：リアルな案山子
下：もみ殻アート

跡の遺跡見学会にあわせて上久原の髙橋秀喜さんや当時の区長の久芳正司さんたちがコスモスを植えたが、開花が間に合いそうにない。そこで、案山子を置こうということになり、それが見学者にも大好評！　翌年からは案山子は劇的に増え、現在は三百体となっている。

　案山子は愛好会の皆さんによって夏頃から夜な夜な集って製作される。年々その数を増し、今では数百体となって、毎年十一月末まで上久原は見学者で賑わう。

　平成二十六年には、首羅山遺跡の見学会でいのしし汁のふるまいなど上久原にお世話になりっぱなしの教育委員会が、田んぼを一枚借りて何かしようということになった。試行錯誤のうえ、町の人たちの知恵を結集してつくったのがもみ殻アート。材料はもみ殻と堆肥のエコアートである。製作は地元のボランティアさんや発掘作業員さん。翌年には須恵町でもつくられるようになるなど、広がりを見せているが、元祖は久山町である！

［久山町教育委員会教育課・江上智恵］

久山自慢

季節はずれの花火大会

久山町では毎年秋に「祭りひさやま」を開催している。会場は中学校のグラウンド。一年がかりで実行委員会が準備を行い、毎年多くの人で賑わう。

「祭りひさやま」の前身は「町民祭」。青年団と婦人会の共催で昭和四十八（一九七三）年から始まった。青年団や婦人会の人数の減少などにより、平成四（一九九二）年の第二十回で「町民祭」は終わり、翌年から「祭りひさやま」と名を変え、実行委員会形式となり、継続された。平成二十四年に一度台風で中止となったが、現在までに二十二回の「生涯学習フェスタ 祭りひさやま」が開催されている。町民祭から数えるとすでに四十二年間継続している祭りである。平成十三年の仮装パレードや平成二十三年の久山町消防団員によるウォーターボーイズの登場など、年々趣向を凝らしたイベントが盛りだくさんとなっている。

季節はずれの花火を間近で楽しむことができる

なかでも祭りの夜に開催される季節はずれの花火大会は見事である。少し肌寒い秋の夜空に、九九九発の花火が打ち上がる。色とりどりの花火が夜空を染める。打ち上げ場所の近くで見ることができるので、花火はとても大きく見える。「ズンッ！」とおなかに響く感じがたまらない。こんなに近くで、季節はずれの花火を見ることができるのも久山ならでは。ほろ酔い気分で見る花火を毎年楽しみにしている人も多いのだ。

〔久山町教育委員会教育課・江上智恵〕

久山自慢

久山町の元気印、久山欅太鼓

久山町には元気な和太鼓の演奏チームがある。平成十年発足の「久山欅《けやき》太鼓」だ。同会は町の青年団を中心とした若者たちが、「次世代に伝える新しい文化を久山に」と立ち上がり発足した和太鼓演奏集団である。会の名前の由来は町木である「欅」で、欅の幹のように太く、真っすぐ成長していくようにと願って名付けられた。

会の初舞台は同年十月の「祭りひさやま」前夜祭だった。当時を知る人は「和太鼓の演奏やその音も素晴らしかったが、それ以上に若者たちが一心に太鼓を叩く姿に、

成人式での演奏

今まで感じたことのないような圧倒的なパワーを感じた。これほどのものが久山に誕生したことはとても嬉しかった」と振り返る。発足十八年目の現在、子どもから六十代まで約五十名が日々稽古に励んでいる。今では久山の人で欅太鼓のことを知らない人はいないくらいだ。

毎年開催している自主チャリティコンサートをはじめ、各行政区の夏祭り、結婚式や会社の記念祭などのお祝いの席で演奏活動を行っており、和太鼓を通していろんな世代、いろんな地域の方との出会いを重ねてきた。また、町外での公演の合間には必ず久山のことをＰＲしている。会員の話を聞くと、「演奏活動は自分たちの一番の楽しみ。自分たちもだが、同じようにこの久山町が元気になるようにと思って日々頑張っている」とのこと。

新しく発足した芸能は「創作芸能」と呼ばれるが、それも十年以上続けば「伝統芸能」の仲間入りだといわれている。久山にも新しい文化が誕生したということだろう。これから二十年、三十年と久山町と共に久山欅太鼓も欅の木のように力強く成長していくことだろう。いつかは「太鼓の町、ひさやま」と呼ばれる日が来るかもしれない。

今日も町のどこかで、太鼓の元気な音が響いている。

［久山町魅力づくり推進課・安部憲一郎］

久山自慢

消防団×シンクロ

東日本大震災の年、被災地で懸命に地元のために活動する消防団員の姿を見て、自分たちも地元の人に喜んでもらいたいと思い、有志で結成した「久山ウォーターボーイズ」。祭りひさやまに過去三回出演し、当日は連日の練習のおかげか、暑い日差しが降り注ぐ中、プール周辺は大勢の観客で埋め尽くされ、音楽に合わせて華麗に舞い、会場を大いに盛り上げた。

大人気!!　久山ウォーターボーイズ

当日華麗に舞っていたメンバーは消防団員というつながりだけで、年齢も一回り以上違うこともある。そのような中、本番までの約二カ月間、振付けが体に染み込むまで練習した。振付けについては自分たちで考え、どのようにすれば息の合った、観客を魅了できるような演技になるかを常に考えていた。練習後は親睦を兼ねて酒を飲み交わしながら、練習の疲れを癒し、一致団結して本番を迎えることができた。

消防団について、皆さんはどのような印象をもっていようか。酒呑みな人、火事の時に出動する人、よくわからないなど様々であろう。ただ一つ言えることは、我々消防団員は地域を愛しているということ。消防団は今後も地元に愛され続ける存在でありたい。

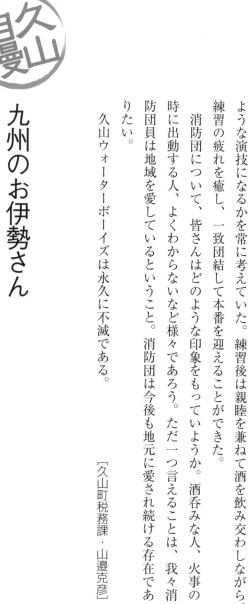

久山ウォーターボーイズは永久に不滅である。

［久山町税務課・山邉克彦］

久山自慢

九州のお伊勢さん

猪野《いの》地区にある天照皇大神宮《てんしょうこうたいじんぐう》は、伊野皇大神宮とも呼ばれ、人々の信仰を集めている。江戸時代に「九州の伊勢」として、参拝者が後をたたず大変賑わったそうだ。集落の入り口に建つ大鳥居から奥には霊柩車が入ることはなく、猪野は今も聖地なのである。

天照皇大神宮の起源には諸説あるが、神功皇后がこの地で天照大神にご信託を請わ

荘厳な雰囲気が漂う
天照皇大神宮

れたとか、室町時代に都にいた豊丹生《ぶにゅう》佐渡守《さどのかみ》の子・兵庫大夫《ひょうごだゆう》が夢のお告げでこの地にお宮を建てたという伝承が残っている。

中世に消失してからは、猪野の集落内の古宮《ふるみや》跡の地にお宮があり、戦国時代には名島城主・小早川隆景《たかかげ》や、立花城主・戸次《べっき》鑑連《あきつら》など、名だたる武将に信仰された。黒田官兵衛の弟・利高《としたか》が桜山付近に住んでいたとも伝えられる。その頃は「花園」と呼ばれていたらしい。

江戸時代になると、福岡藩の庇護を受け、三代藩主・光之《みつゆき》の時に現在の場所に伊勢神宮を模した神殿や鳥居をつくった。お宮の前を流れる猪野川も、伊勢にならって「五十《い》鈴《すず》川」と呼ばれている。六代藩主・継高《つぐたか》の時には二十年ごとの式年遷宮も行われるようになった。近年、近くにある水取宮《みずとりぐう》跡の藤は「継高公お手植え」と伝えられ、久山町の文化財に指定されている。

お宮の入り口の千人館は、明治時代に博多商人の千人詣りの休憩所として建てられ、昭和三十年代に再建されたもの。当時の賑わいの象徴である。

［久山町教育委員会教育課・江上智恵］

久山自慢

幻の山林寺院の発見！

国史跡・首羅山《しゅらさん》遺跡は、地元の伝承やわずかな地誌類に記載されているだけの謎の遺跡であった。山の名前は「白山《はくさん》」で、もともと山頂に「白山神社」があったが、昭和初期に麓におろされた。以前は里山として、薪をとったり、炭を焼いたり、おんじゃく石を拾ったりする山であったが、近年では山の手入れをすることもあまりなくなり、荒れた山となっていた。

昭和四十年代前半に山頂で出土した遺物が「伝白山神社経塚《きょうづか》出土品」として九州歴史資料館の開館時から展示されていたことから、研究者の間に知られる遺跡になった。その後、地元の松尾健二さんと友人の片山安夫さんが精力的に踏査に取り組み、薩摩塔の存在を指摘し、研究の基礎をつくった。さらに平成九（一九九七）年には元宇美町教育委員会・平ノ内幸治さんが石鍋製作跡

久原・山田両小学校の生徒たちが作った絵本『わたしたちの首羅山ものがたり』からの一枚

を発見した。

本格的な調査は平成十七年度から、発端は町民の声だった。何か歴史があるというなら、その歴史を明らかにして教えて欲しいという話から調査が始まった。調査を始めてびっくりしたのは、生い茂る竹を切っただけで中世の建物の基礎など遺跡がどんどん出てきたことだ。石垣やお墓、石塔や石段、調査開始直後は、落ち葉を寄せると、中国から運ばれてきた貿易陶磁器と呼ばれる中世の美しいお茶碗のかけらもきらきらとたくさん落ちていた。そう、首羅山遺跡は掘らなくてもいろいろ出てくる、アンコールワットのような幻の山林寺院の跡なのである。［久山町教育委員会教育課・江上智恵］

今に残る地域の小さな祭りと信仰

久山では、春には伊野《いの》天照皇大神宮《てんしょうこうたいじんぐう》の春の大祭、夏には万度《まんど》参りで賑わう祇園祭り、お盆の盆綱引き、九月にはその年に生まれた赤ちゃんを土俵にあげて無病息災を願う若《わか》八幡宮の奉納相撲大会、大晦日から新年にかけて舞われる白山神社の年越しの獅子舞など、今も季節ごとに昔ながらの地域の祭りが残る。

木寄神社

猪野観音堂

地域をあげての祭りの他にも、「お庚申《こうしん》さま」と呼ばれるお祭りでは、何軒かで掛け軸を持ちまわり、「お十七夜」では女性ばかりが毎月十七日に集まる。こうした行事も、簡略化されたりしながらも、今なお残っているのである。

久山の集落には道々に小さなお堂や石塔がある。ひょいとお堂をのぞいてみると、どこもいつもきれいである。久原の国次《くにつぎ》地蔵はイボ取り地蔵ともいわれ、実際にイボがとれた！という話もある。

祀られている仏像や石塔などにはいつもお水があがり、美しい花々も添えられている。お堂やお宮は、決められた日の早朝に地域の方々によってお掃除され、お参りされている。地域の年配者がその役を担ってくれているが、若い方もそうした姿をずっと見ているから、多分しばらくはこうした信仰が続いていくのだろうなと思う。

久山町には平安時代前期の仏像も集中してあり、古来以来の深い信仰の場でもある。そして平安時代以来の祈りの文化が、まだひっそりと残っているのだ。

［久山町教育委員会教育課・江上智恵］

久山自慢

小学生の手作り絵本

完成した絵本を嬉しそうに見る子どもたち

久山町では平成二十（二〇〇八）年度から、小学校での遺跡学習を行っている。今は、総合的な学習のなかで年間三十時間の学習を行う。対象は小学校六年生、遺跡の現地見学は久原・山田小学校の二校で一緒に行う。受動的な学習だけではなく、毎年年度末にはなんらかの発信を行っていくのが、この学習の特徴である。平成二十一年度には卒業制作の壁画、平成二十四年度には「首羅山《しゅらさん》サミット」を開催して合唱曲「首羅山いつまでも」をつくり、そして平成二十五年度には絵本「わたしたちの首羅山ものがたり」を作成した。

絵本の題材は、中世山林寺院・首羅山の開山伝承。子どもたちは平成二十四年度に行われた国史跡指定記念イベントで、雅楽師の東儀秀樹氏と久山 欅《けやき》太鼓の太鼓劇「首羅山開山伝承」

を見ているから、イメージは湧きやすい。文章をつくり、実際に山へ行って「取材」をし、絵を描いていった。絵の指導には町のボランティアさんがあたった。題字も左手で書いたり、小さな工夫を楽しんだ。最後に専門の先生やデザイナーさんのアドバイスを受けて完成！ 小学校六年生全員参加の絵本だ。最後の頁にはみんなの顔と、お手伝いのボランティアさんの顔、百人の顔を入れた。この絵本は第九回キッズデザイン賞を受賞した。

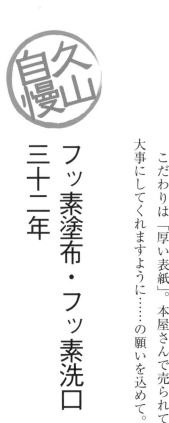

こだわりは「厚い表紙」。本屋さんで売られているような絵本をつくった。ずっと大事にしてくれますように……の願いを込めて。

［久山町教育委員会教育課・江上智恵］

久山自慢

フッ素塗布・フッ素洗口三十二年

久山町は、昭和五十九（一九八四）年から九州大学歯学部予防歯科（以下予防歯科という）の先生方と、乳幼児期から中学校を卒業するまで一貫した歯科保健事業を実施している。乳幼児期には、保健師・管理栄養士による育児相談や食事指導、歯科衛生士によるブラッシング指導や予防歯科医師による歯科健診、フッ素塗布を実施。平

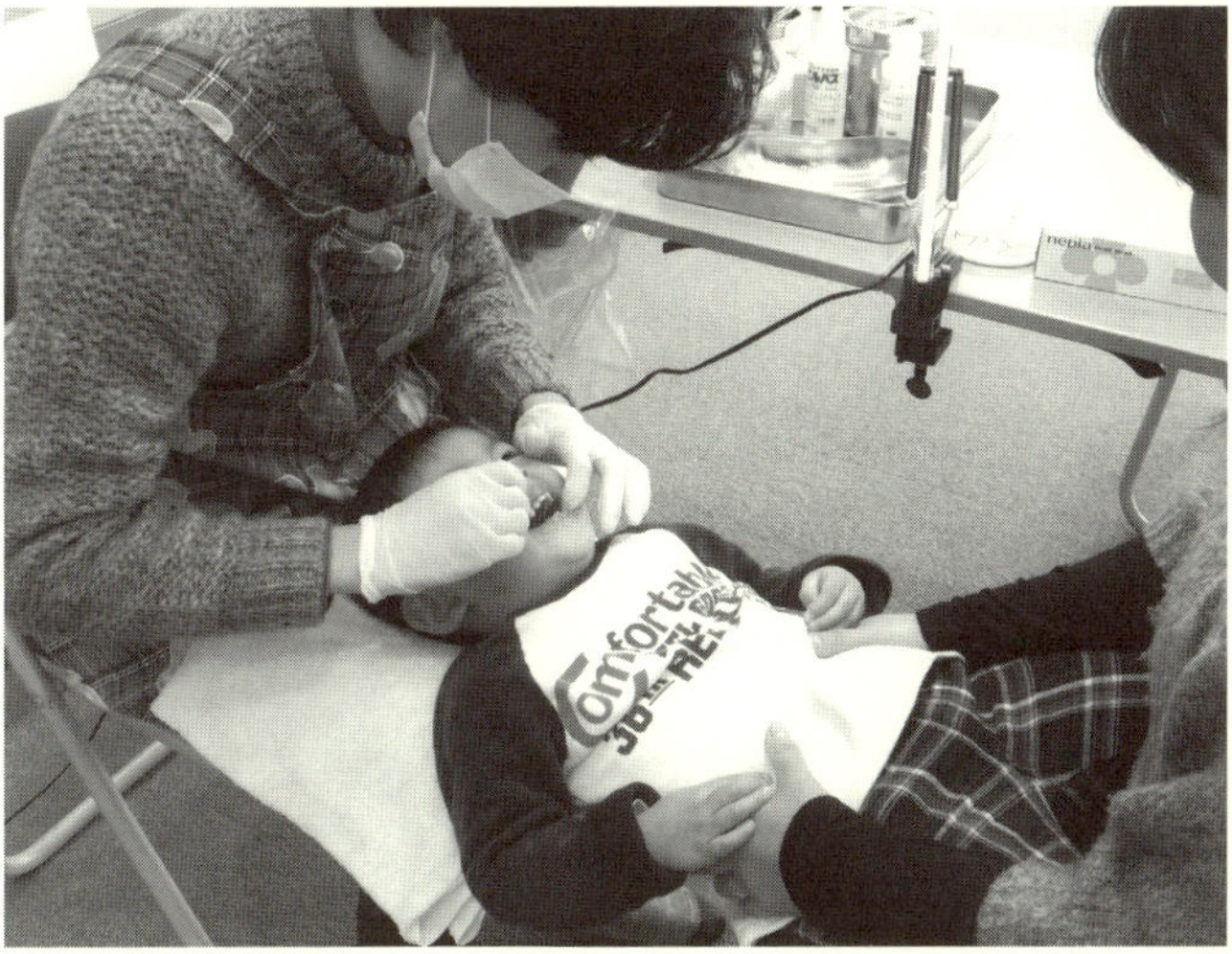

歯科検診・フッ素塗布

成二十六（二〇一四）年度の一歳半・三歳児健診時のむし歯有病率は、福岡県の市町村で一番低かった。一人平均のむし歯本数は、一歳半児はゼロ本、三歳児は〇・〇六本。現在は、「三歳児のむし歯をゼロ本に」を目標にしている。

幼稚園や保育所、小学校では、週一回フッ素洗口を実施。幼稚園の保護者や小中学校の児童・生徒を対象に実技を取り入れた歯科保健の講演会を歯科衛生士、校医の先生や予防歯科の医師と実施。歯科保健事業開始当初の目標は「十二歳のむし歯を三本以下に」であったが、平成二年に達成。「十二歳のむし歯を一本以下に」の目標も平成二十二年に達成している。

また平成十年からは成人の歯科保健事業を実施、「八十歳になっても自分の歯を二十本以上保とう」を目標にし、平成二十六年十一月、「KASUYAデンタルフェア」で、八名の方が二十本以上きれいな歯が残っている「よい歯の高齢者」として表彰された。

これからも生涯自分の歯でおいしく食べられるように、フッ素塗布・フッ素洗口を続けたい。

［久山町健康福祉課・物袋由美子］

久山自慢

幼・小・中の連携

久山町では、子どもたちがスムーズに小中学校に進学できるよう、幼・小・中の連携の取り組みを行っている。

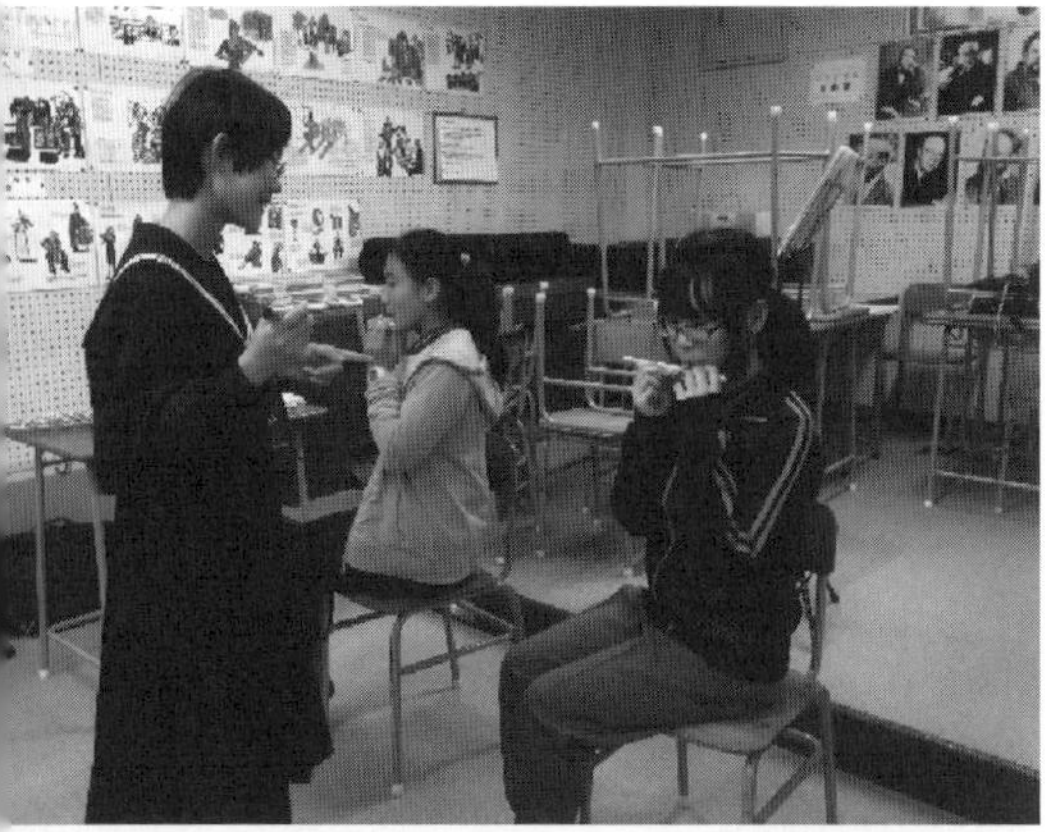

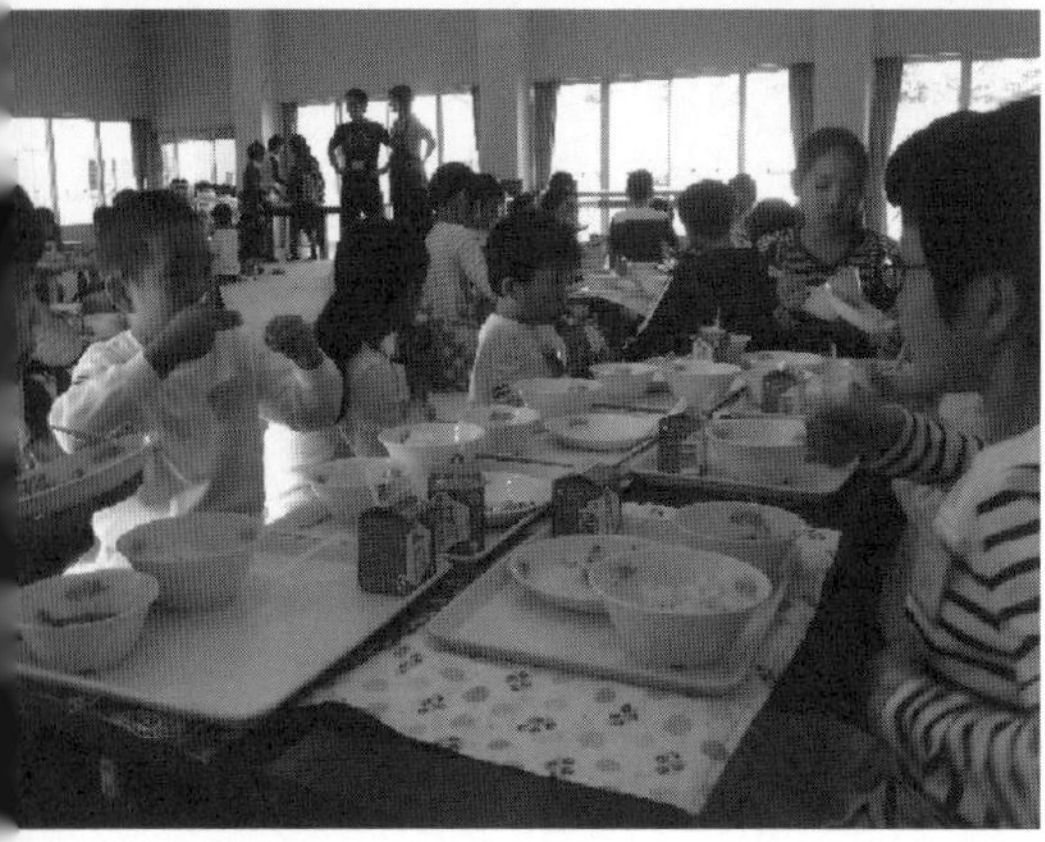

幼・小の連携では、久原・山田両幼稚園年長児を対象に年数回、久原・山田両小学校それぞれの一年生や五年生と交流を行っている。お互いの毎日の生活や学習の発表だけでなく、一緒に遊んだり、学校探検や給食体験を行ったりしている。

また、小・中連携では、町内六年生全員を対象に、毎年十一月に二日間の「久山中丸ごと体験」を行って

右上：「久山中まるごと体験」での部活動体験／右下：幼小交流での給食の様子

いる。中学校の授業時間に合わせて、中学校の先生から授業を受けたり、部活動を体験したりしている。また、久原・山田両校の六年生のほとんどが久山中学校に進学することから、修学旅行や鍛錬遠足などの学校行事を合同で行い、交流を図っている。

年長児や小学校六年生にとっては、小学校、中学校の入学前にそれぞれの学校生活を事前に体験することによって、入学してからの不安を取り除いたり、新しい生活への希望をもったりすることができる。また、それぞれの体験活動のお世話をする在校生の児童・生徒にとっては、上学年としての自覚をもつことにつながっている。

このように、様々な連携を行うことによって、どちらにとってもメリットがあり、児童生徒がスムーズに学校生活に馴染むことができているのである。

［久山町教育委員会教育課・髙武龍彦］

久山自慢

障子貼りの学校

久山町内小中学校の教室の廊下側の窓は、すべて障子貼りだ。昭和五十一（一九七六）年に落成した久山中学校新校舎の教室窓がそのスタートである。当時は学校の荒

障子貼りの教室窓

れが社会問題となっており、久山中学校も決して今のような落ち着いた状況ではなかった。校舎内のガラスが割れることも度々あった。

「そんなにガラスを割るのであれば、より硬いものにするのではなく、逆に破りやすい障子にしよう！　障子ならば生徒たちが自分で張り替えることもできる。面倒な張り替えを自分たちがやらなくてはいけないのならば、障子を破る生徒はいなくなる」

当時の町長である小早川新氏のまさに逆転の発想だった。久山中学校新校舎はその他の設備も含め大変話題になり、テレビのニュースでも取り上げられるほどであった。

この中学校での取り組みを小学校にも生かし、昭和六十年の久原小学校、平成四（一九九二）年の山田小学校改築の際にも障子貼りの教室窓が採用された。また、両小学校は床、学習机、いすなどに久山の木をふんだんに使っており、自然採光を取り入れたあたたかみのある明るい校舎である。廊下も通常の学校の二倍近くの幅があり、オープンスペースとして学習を行うこともできる。両校とも平屋造りで、特に久原小学校は、校長室、職員室から全教室、中庭で子どもたちが伸び伸びと活動する姿を見ることができる。

［久山町教育委員会教育課・髙武龍彦］

久山自慢

剖検勧めた久山町の住職たち

５年に一度執り行われる久山町剖検者慰霊祭

昭和三十六（一九六一）年にスタートした九州大学と久山町の久山町研究・健診事業は、医学界で世界的に高く評価されている。世界的に類のない研究と評価される事柄のひとつに病理解剖がある。しかし、事業開始当初、なかなか剖検《ぼうけん》協力者は増えなかった。

理解者を増やした「健康増進クラブ」の病理解剖同意書活動と共に、住民の精神面を救い協力者を増やしたのが、上久原《かみくばら》・安楽寺の亀井恵達氏ら町内の六つの寺の住職たちであった。「どんな往生を遂げても、例えば体に傷ついた最後であっても、その未来は救済されるというのが仏の教え」として法事や仏事があるたびに、住職たちは町の人々に説いて聞かせたといわれている。中でも、説得の決め手になったのは親鸞上人の言行録『改邪鈔《がいじゃしょう》』の一節「本師聖人の仰せに曰《いわ》く。某《それがし》親鸞閉眼せば賀茂川に入れて魚に与ふべし」——

自分の死後の肉体が果たすことのできる最後の報謝の気持ちを、せめて賀茂川の魚のえさにでもなることで表したい、という親鸞のことばが町の人々の心を打ったとされている。

生前亀井氏は、「西日本新聞」の「なくそう脳卒中――久山町からの報告」の取材で、「剖検への協力は、人類を苦しめる病気の解明につながる。それは尊い相互扶助の姿、仏教でいう御恩（四恩）の一つ〝衆生の恩〟の実践である」と述べている。町内の鐘の音は今へ、そして未来へこのような先達の思いを響かせている。

［久山町ヘルスC&Cセンター副センター長・角森輝美］

久山自慢

新幹線の一番列車に町民が乗車！

久山町には九州の大動脈となる「九州縦貫自動車道路」と「東海道山陽新幹線」が通り、黒男山《くろどんやま》の麓で立体交差する。東京から新幹線で博多へ向かう最後の長いトンネル「福岡トンネル」を抜けると、そこは猪野《いの》で、すぐに山田小学校や下山田のショッピングセンターが見えてくる。

新幹線一番列車と
久山町民の乗車風景

昭和五十（一九七五）年、当時の小早川新町長は、開通した東海道山陽新幹線の一番列車に町内在住のお年寄り八十一人を乗せることを計画した。

新幹線の開通にあわせ「久山音頭」がつくられた。ときの社会教育委員長・河邊謙太郎氏が委員長となり、久山音頭編纂委員会が組織された。歌詞は公募し、三十七点の応募作品の中から柴田菊夫氏の歌詞が選ばれた。

作曲・北ひろし、編曲・チャーリー畑野、レコード唄・山田寛一、振付・西崎緋扇で「久山音頭」は完成した。

昭和五十年三月十日、新幹線一番列車乗車を実現した久山町の旅行団は、東京で靖国神社に参拝し、「久山音頭」奉納踊りを披露したのである。

［久山町教育委員会教育課・江上智恵］

久山自慢

県内一位、全国二十二位の滞在人口率

買い物する際に付与されるポイント、携帯電話やスマートフォンの位置情報など様々なデータを収集し、解析したものを「ビッグデータ」というが、経済産業省が開発した地域経済分析システム（ＲＥＳＡＳ：リーサス）が、このビッグデータを活用し、経済活動に関する様々な解析を自治体単位で行っている。

このデータで観光に関する分析結果の中に、久山町が上位に位置づけられているものがある。ある一定地域に二時間以上滞在している人がどれくらいいるのかを集約したデータのことを「滞在人口」というが、その滞在人口を地域人口（国勢調査人口）で割ったものを「滞在人口率」という。この滞在人口率の結果がそれである。

平成二十六（二〇一四）年の休日における滞在人口率は四・三五倍で、福岡県では一位、全国で二十二位となっている。また、平日の滞

休日の町の賑わい
（トリアス）

在人口率は三・八五倍で、福岡県で二位（一位は福岡市博多区で四・二八倍）、全国で三十三位となっている。全国順位の上位には東京都千代田区、大阪府大阪市中央区などの大都市圏の自治体が名を連ねている中での全国二十二位、三十三位は大したものである。

興味のある方は、「ＲＥＳＡＳ」（https://resas.go.jp/　ブラウザは google crome 推奨。Internet Explorer では動作しません）にアクセスして下さい。

［久山町経営企画課・久芳浩二］

私が見た久山町1

雅楽師
東儀秀樹

見よくある日本ののどかな風景。でも実はそこは日本のとても大切な場所。それが久山町。ここにはとても価値のある、首羅山《しゅらさん》遺跡がある。

平成二十五（二〇一三）年にその遺跡を訪ねた。今は山でしかないけれど、その山の奥深くにけもの道を頼りに登っていくと、一三〇〇年ほど前の寺院の跡があり、よく観ると建物の土台があり、さらに足元には当時の瓦や陶器の破片がごろごろしている。

当時の中国のものがたくさん発掘されているからかなりの偉い階級の人が関わったものだと想像できる。山頂にある小さな祠には鳥居の型式もお寺の型式も窺えるので神仏習合の日本らしい様子も残されている。その場所に立って遠くに目をやると、当時の大陸の人たちや、大陸文化に憧れてやまなかったその土地の人たちの気持ちを感じることができる。一三〇〇年間雅楽を継承して来た自分の血が何かを思い出そうとしているようでもあった。雅楽も大陸文化として渡って来たもの。それを日本人が受け取り、残して来た。僕がここ、つまり大陸と日本の要《かなめ》の場所に来ることは必然だったのかもしれない。縁を感じる。

それから僕がとても嬉しく思ったことは、それらの遺跡や歴史のことを町の子どもたちがよく知っていて、誇りに思っていることだ。都会ではそんなことがあったって、「へえ」ぐらいで終わりかねないものを、町ぐるみで大切にしているのが伝わってきた。地域の自慢できる歴史や伝統に子どもの頃から接しているのはとても大切だ。自分たちの文化や歴史を背負って立てる大人になっていくことこそ、これからのグローバルな世界を行く日本人として必要なことだ。小学校を訪ねた時、子どもたちが遺跡の再現図を絵に描いていて、みんなイキイキと説明してくれたのがとても印象的で微笑ましかった。実際に再建されたら自分たちの想像図と見比べるのがとっても楽しみだろう。

首羅山遺跡国史跡指定記念イベントリハーサルでの東儀秀樹さんと久山町の子どもたち

首羅山遺跡が国指定史跡となった祝賀イベントで演奏した。伝説に基づいた芝居と太鼓の演技からも地元の団結力を感じた。あまりに気持ちがよかったから笙《しょう》と篳篥《ひちりき》で交じらせてもらった。どうしても一緒になにかしたくなってしまったのだ。そして子どもたちと「首羅山いつまでも」を一緒に歌い奏でた。ワクワクキラキラした純粋な子どもたちの笑顔を僕は忘れない。

小学生の手づくり絵本
（第９回キッズデザイン賞受賞）

荒牧四男美氏撮影「水無月の朝」（第2回久山町フォトコンテスト入賞作品）

第二章 久山町の概要

久山町経営企画課　久芳浩二

「久山町ってどんなところなのか教えてくれない？」

町外の方からこう尋ねられどう答えてよいか困りましたと、ある会議で住民の方がおっしゃった。

大抵の町民は、「福岡市の隣町だけど自然がいっぱいで、お米や野菜が美味しく、トリアスがあって、健康増進に力を入れている町です」と答える。そして、それを聞いた多くの人は、「トリアスのあるところですか。コストコによく行きますよ」と返事を返す。久山町は知らないけど、トリアスやコストコは知っている。トリアスやコストコには行ったことがあるけれど、久山には行ったことがないと言っているようなもので、久山町の認知度の低さが表れている。

またある人は、「死んだら解剖されるところですよね？」と言う。久山町が、九州大学と半世紀にわたり共同で取り組んできた町民の健康管理と病理研究事業は、「ひさやま方式」と呼ばれ、医学会では世界に名を馳せる研究事業であり、受診した町民一人ひとりの健康データを九州大学が管理し、個人ごとにきめ細かな健康指導が受けられるものである。死亡した場合は、剖検《ぼうけん》を行ってその原因を特定し、生前の健康状態との因果関係を究明することによって、残された家族の健康指導や、これからの医学の発展に役立てていこうとするものである。この久山町研究による脳卒中や生活習慣病に関しての研究成果は、これまでに様々な病気の原因解明に役立つなど、医学会では高い評価を得ている取り組みであるにもかかわらず、「ひさやま方式」の一部のみが誇張されて伝わり、世間の一部の人たちに単なるモルモットであるかのごとく認識されているのは、大変残念に思われる。

自分たちが生活している町のことを、他の人に対して具体的に、正確に伝えられないのはなぜなのだろうか。そして、どのように久山町のことを説明したらよいのだろうか。久山町をよく知ってもらうためにも、まずは私たちが久山のことを詳しく知る必要があるのではないだろうか。

久山町の住民に久山町のイメージについて尋ねると、概ね次のような答えが返ってくる。

・自然がたくさんある町
・福岡市の隣り町
・お米や野菜がおいしい
・道徳推進の町
・健診の町
・閉鎖的
・近所づきあいが多く煩《わずら》わしい
・交通が不便
・行事が多い
・田舎……

良くも悪くも、久山町のイメージはこのようなものである。昔から住んでいる方にとって、自然が多いことや食べ物が美味しいこと、交通が不便であることなどは当たり前であり、近所づきあいや行事が多いことについてはコミュニティがしっかりしていることの裏返しで、適度に田舎であることも魅力の一つである。

反対に、転入してこられた方や町外の方から見ると、福岡市の近郊にありながらベッドタウン化もせず田園風景を適度に残しており、自然の中で暮らせる町ではあるけれども、交通の不便さ、近所付き合いや行事の多さなどから、昔ながらの田舎町でどことなく保守的な町であるとの印象が一部に聞かれる。入ってくる情報の違いから、このように違った認識となることからも、もう一度一つひとつを見つめなおし、正しく情報発信する必要がある。

自然がたくさんある町など都会から離れればどこにでもあるし、福岡市の隣町なんて他にもある。久山町ってこんなところだと、町民みんなが自分以外の誰かにわかりやすく説明できるよう、郷土愛を深め、もっと外に向け発信する知識と努力が必要であると感じている。

では、久山町とはどういうところであろうか。

位　置

地理的には、久山町は福岡市の東方一三㎞に隣接し、糟屋郡と鞍手郡の境である犬鳴《いぬなき》連山の麓に位置している。

東は宮若市、北は古賀市・新宮町、南は篠栗町・粕屋町に接し、南北に長い糟屋地区のほぼ中央に位

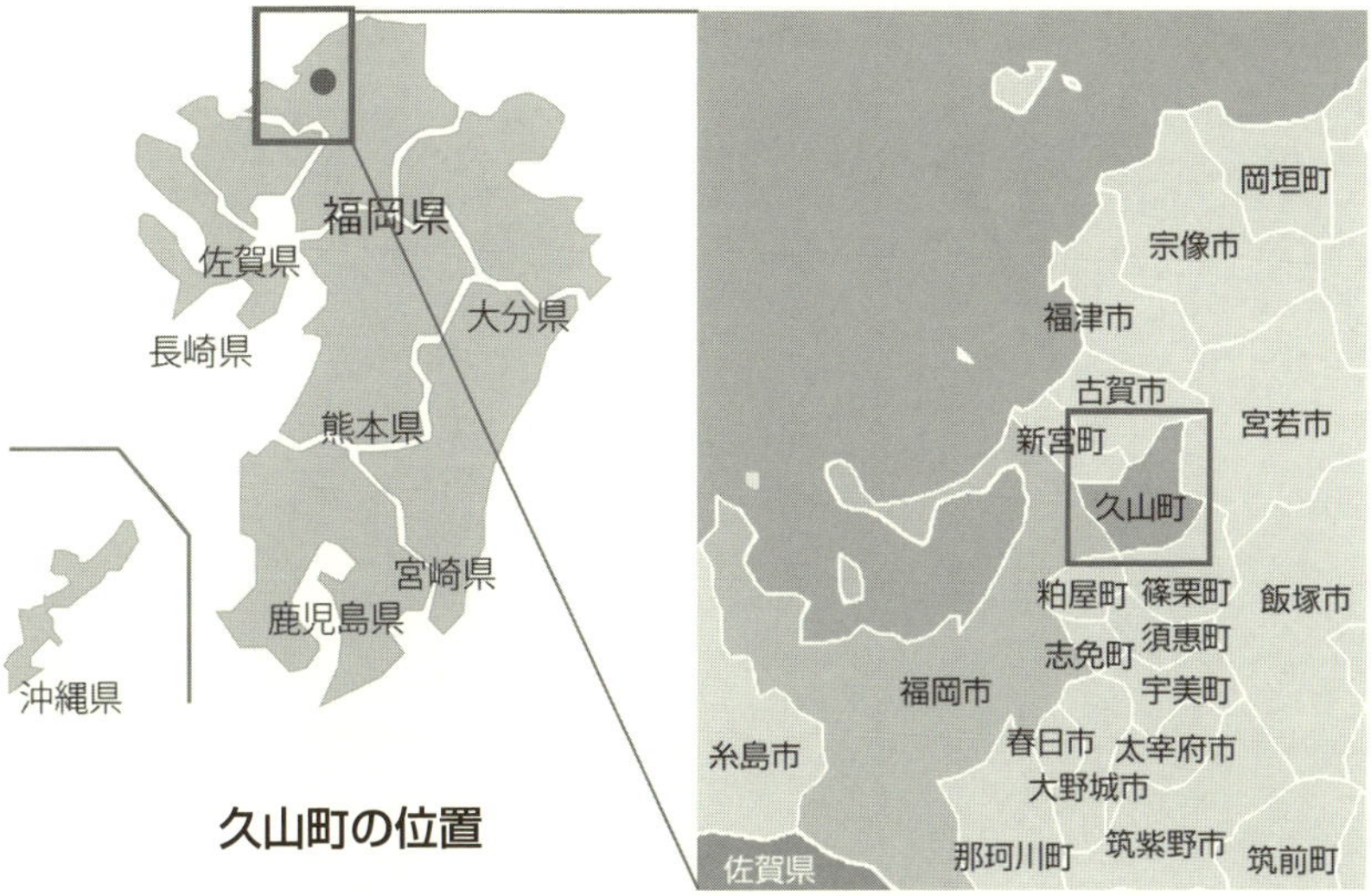

久山町の位置

置する。人口約八五〇〇人、面積三七・四三㎢で、面積の約三分の二を山林原野が占める都市近郊山間地である。

歴史

日本で最も古い歴史書とされる『日本書紀』には、「仲哀天皇の没後、神功皇后の命により斎宮《いつきのみや》を小山田邑《むら》に造り……」とあり、この「小山田邑」が表糟屋郡の山田村ではないかと『筑前国続風土記』（一七〇三年）に記されている。

また、平安時代中期の『和名抄《わみょうしょう》』には、「筑前国糟屋（加須屋）郡柞原《くはら》（久波良）」、つまり現在の久原《くばら》の名が記されている。

江戸時代には、黒田長政が筑前の国に入国後、表糟屋、裏糟屋、宗像の三郡をもって一行政区とし郡奉行を置き統治していた。

明治四（一八七一）年の廃藩置県により福岡藩から福岡県と改められ、その後、明治十一年七月の郡区町村編成法の発布以来数回の行政区画の変更がなされ、明治二十二年四月、町村制の施行により猪野村、山田村の二村が合併して山田村となり、旧村名は大字名（大字猪野、大字山田）となった。久原村は久原村として自治体をつくり、行政が行われてきた。

昭和二十八（一九五三）年、町村合併促進法の施行により二度目の町村合併が進められ、山田村（猪野、上山田、下山田、山田炭坑〔現草場〕）と久原村（上久原、中久原、下久原、炭坑〔現東久原〕）も昭和三十一年九月三十日深夜に合併の運びとなり、現在の久山町が誕生した。合併当初は、東久原を「炭坑」、草場を「山田炭坑」として久山町公民館条例（昭和三十二年久山町条例第十三号）を公布している。行政区としての草場区、東久原区の正式な発足に関する公文書は残っていないが、両地区ともに炭坑の閉山が大きく影響しているものと思われる。東久原区の設置については、昭和五十七年六月五日付で同区が町に対し発出した、公民館の設置に関する「嘆願書」の中に「昭和三十二年明治鉱業所久原坑の閉山に伴い（中略）裔来二十五年を迎えるに至りました」とあることから、昭和三十三年頃に東久原区として発足したのではないかと考えられる。草場区については、昭和四十二年十一月住民登録人口部落別表に「麻生」との表記が見られるが、同表の十二月分では「草場」の表記が初見される。

町村合併後の久山町は、土地政策、健康行政について特色のある取り組みを行ってきた。土地政策については、昭和四十五年に全町の九七％を市街化調整区域に指定し、開発を抑制することによって計画的な土地利用を推進した。その結果として急激な人口の増加を抑え、今もなお、豊かな自然環境と美しい田園風景を残しながら住環境の整備が行われている。

昭和三十六年から始まった九州大学との連携による健診事業は、健診、健康管理、追跡調査、病理解剖と、長年にわたる同一人物の調査研究を実施することにより、「ひさやま方式」として他町にはない、健康づくりの町としての礎を築いてきた。

平成二十五（二〇一三）年には、久原地区の白山《はくさん》に位置する山林寺院跡の「首羅山《しゅらさん》遺跡」が国指定史跡となるなど、町内には様々な文化財も現存する一方、春は桜や芍薬《しゃくやく》が咲き誇り、初夏にはゲンジボタルとヘイケボタルの二種類のホタルの乱舞が見られ、秋には紅葉、冬は山々の雪景色を楽しむことができる。

伊藤忠氏撮影「晩秋の頃」
（第１回久山町フォトコンテスト入賞作品）

こうした豊かな自然環境や地域資源をもとに、平成二十四年度に策定した第三次総合計画では、「安心・元気な『健康が薫《かお》る郷《さと》』の実現——みんなで創り、みんなで発信」を将来像として掲げ、久山町がもつ豊かさの象徴である「人が元気」「安心とやさしさ」「ふるさとの快適さ」を住み良い町の魅力としてさらに高め、これからも「国土の健康」「社会の健康」「人間の健康」の三つの健康づくりを活かし、さらに発展させ、今まで以上に健康であることを真に実感できる町へ深化させていくことを目指している。

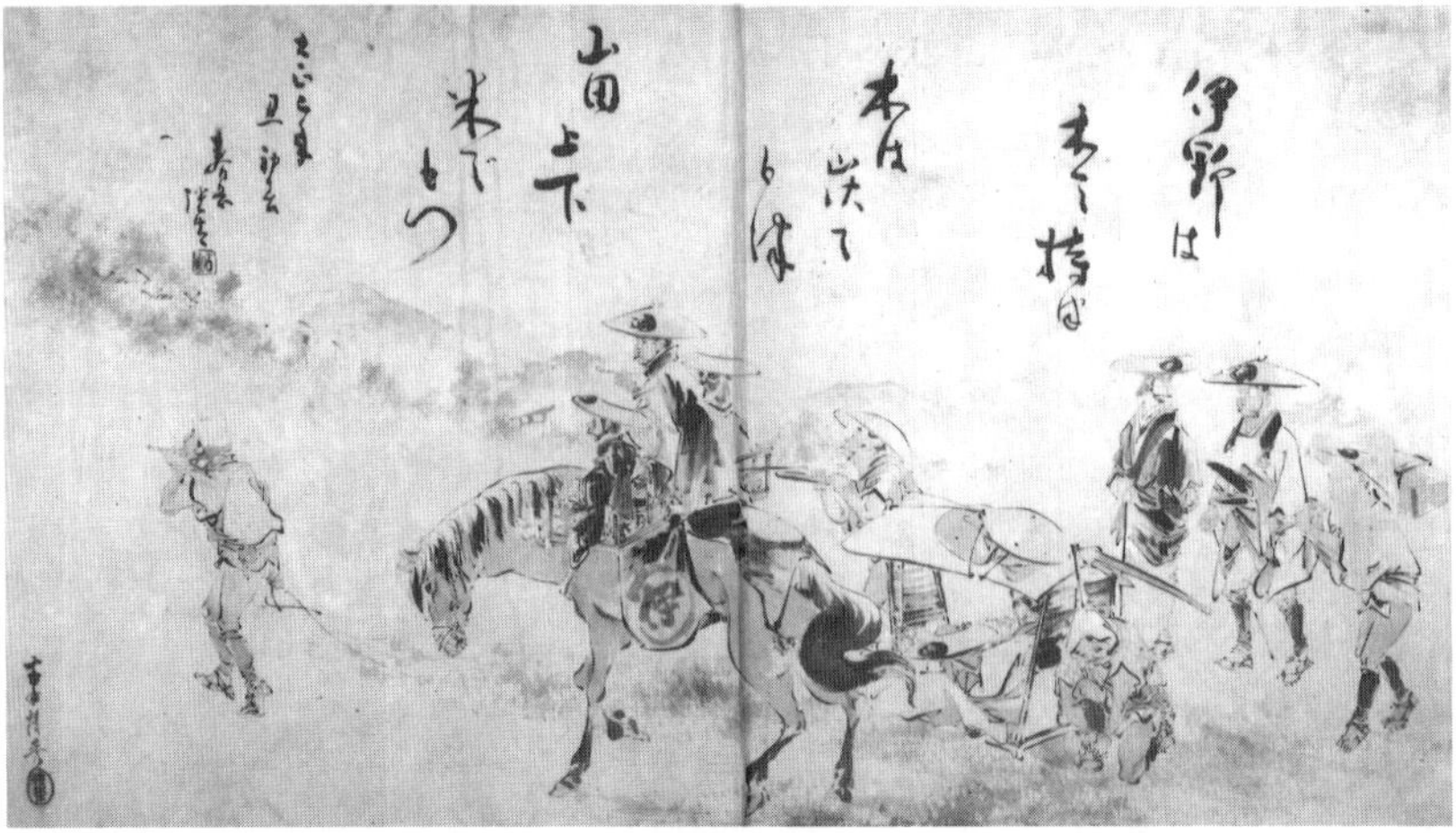

「伊野は木でもつ　木は炭でもつ　山田上下 米でもつ」

■大字猪野（猪野村）

「伊野は木でもつ　木は炭でもつ……」

猪野は犬鳴山系の深い山林を中心とした谷あいに集落が形成されており、薪や炭が多く生産され、ことに山の幸に恵まれていた。『筑前国続風土記』によると、表糟屋郡の奥座敷として夏涼しく、無数の蛍が飛び交い、山芋やまたたび、わらびなどが多くとれていた。また、春には桜が咲き誇り、秋の紅葉も見事で、現在でも当時の姿を想像することは難しくない。

足利将軍の末の世（室町時代末期）、豊丹生《ぶにゅう》佐渡守《さどのかみ》が豊前国英彦山の麓に左遷されたおり、都から御神体を奉じてきた。その息子である兵庫大夫《ひょうごだゆう》は、夢のお告げで御神体を筑前国糟屋郡伊野（猪野）へ移すようといわれ、お宮を建立し奉納したという。天照皇大神宮《てんしょうこうたいじんぐう》は「九州のお伊勢さん」とも呼ばれ、江戸時代には参拝する人も多くなり、茶店や食事処も繁盛したようである。また、神宮前には五十鈴《いすず》川、その下流には山田の地名があり、伊勢神宮との類似が見られる。

■大字山田（山田村）

前述のように、『日本書紀』に記された「小山田邑」が後の山田村ではないかとされている。山田村はかつて斎宮周辺地域からトリアスイーストゾーン辺りまで集落が形成されていたが、水害被害がひどく、一部集落を現在の下山田に移動し、移動した集落を山田村の本集落とした。

「山田上下　米でもつ」

猪野が薪と炭で生計を立てるならば、平地の多い山田では米作で生計を立てていた。

久山町の庁舎となった旧久原村役場

■久原村

久原の名は平安時代中期に著された『和名抄』に登場する。江戸時代から昭和の合併までは久原村として存在していた。

久原村は上村（現上久原）、中村（現中久原）、下村（現下久原）からなり、農林業を生業《なりわい》とする大村で「久原三千石」といわれた。その中で、現在久原本家グループを営む河邉家の先祖は、江戸時代、表糟屋郡の大庄屋であった。

市町村制の施行により明治二十二年に猪野村、山田村は合併し、山田村となった。その後、山田村と久原村は丘陵地で隔てられているが、隣り合わせで、犬鳴山系の麓で農林業を生業とする生活環境も似通っていることから、昭和の合併にあたり県が二村合併を促すこととなった。

庁舎に決定した旧久原村役場に
標札を掲げる久原・山田両村長

昭和の合併では当初、篠栗町、勢門《せと》村、久原村、山田村の一町三村合併が模索されたが、篠栗町と勢門村の合併が先行し、一町三村での合併は困難となった。残された道として久原村、山田村の二村合併で進むこととなったが、それぞれの資産保有状況の差や借金状況、町昇格基準人口未到達、経済的結び付きの薄さなどの理由により、なかなかスムーズに合併へとこぎつけることはできなかった。

しかしながら福岡県が調整役となり、町村合併促進法の期限最終日である昭和三十一年九月三十日深夜、両村議会が緊急招集され合併の合意に至り、現在の久山町が人口六六七六人（昭和二十九年国勢調査）で誕生したのである。

健康行政

こうして誕生した久山町は、健康を核とした自然と共存するまちづくりを目指してきた。

まずは昭和三十六年に現在の生活習慣病予防健診のもととなる、九州大学医学部第二内科による脳卒中研究の指定を受けたことから始まった。

町の人口構成が当時の日本全体の人口構成と類似していたことから、久山町がまさに日本の縮図として研究の対象となったのである。住民の健診、健康管理、追跡調査、病理解剖の一連の流れを管理し、データとして蓄積していったことが、「ひさやま方式」として世界から評価されることとなった。

現在は成人病健診に加え各種がん検診、乳幼児健診、歯科健診など、住民の健康増進を目的とした様々な健診事業が行われており、その内容についても人間ドッグ並みのものとなっている。

「人間の健康」を健診事業で充実させる一方、それと並行して久山町は「社会の健康」と「国土の健康」を実践するため独特な土地政策を展開してきた。

高度経済成長で目覚ましい発展を遂げる福岡市に隣接しながらも、周辺自治体とは一線を画し、急激な人口増加と乱開発を防ぎ、自然と調和した健康のまちづくりを目指すために町全域を都市計画区域に指定し、その九七％を市街化調整区域とした。

土地利用についても、それぞれの利用区分において支障が出ないよう、住居系区域、工業系区域、農耕地区域を整然と配置することにより、都市近郊における田園風景の保存と融和に努めてきた。

産業

戦前の主要産業については、久原村、山田村で差異が見られる。明治時代には、久原村に久原炭坑、

家畜による田すき

明治鉱業高田炭坑久原坑（昭和３年頃）

奈良田炭坑、平田鉱山があり、山田村に長浦炭坑、猪野鉱山が存在していた。

大正期から昭和初期にかけての就業構成を、当時の国勢調査で見ると、久原村については、総就業人口のうち、鉱業に従事する者が全体の五七％を占め、次いで農業従事者の二九％となっており、主要産業が鉱業であったことがうかがえる。

特に大正三（一九一四）年に採炭を開始した久原炭坑は、それまでの久原村の人口を増幅し、現在の東久原区の形成に大きな役割を担った。

戦争の終結とともに国内のエネルギー改革が進み、その影響もあって久原炭坑は吸収合併を繰り返しながら事業縮小が行われ、昭和三十三年には閉山されることとなった。

山田村においては、大正から昭和初期は農業中心の産業構造をなしており、それ以前の就業形態と大きな差はない。大きな変化が現れたのは、昭和二十三年の麻生産業山田炭坑の開山からである。山田炭坑の開業に伴い、山田村の人口は二一〇〇人余りから三千人規模となり、現在の草場地区が形成されることとなった。

山田村の炭坑も、やはりエネルギー革命の煽りは免れず、昭和四十二年に閉山の運びとなった。炭坑の開山に伴い、久原村、山田村の人口数は急激に増加することとなったが、昭和三十三年及び昭和四十二年のそれぞれの炭坑の閉山による人口の減少はさほど大きいものではなかった。炭坑閉山による失業者の雇用促進により、その就業形態が変化しただけで、福岡市に隣接しているという久山町の立地特性から、ベッドタウンとしての利便性が強く、人口の流出を免れたと考えられる。

久山町の産業構造は農業中心であった明治以前から大正、昭和初期の鉱業を経て、高度成長とともに製造業、サービス業へと変遷していった。現在、専業農家十軒と兼業農家約三百軒によって農業生産が維持されている。

「久原小学校開校の地」記念碑

教育・道徳

久山町には、久原、山田にそれぞれ小学校が存在し、開校は

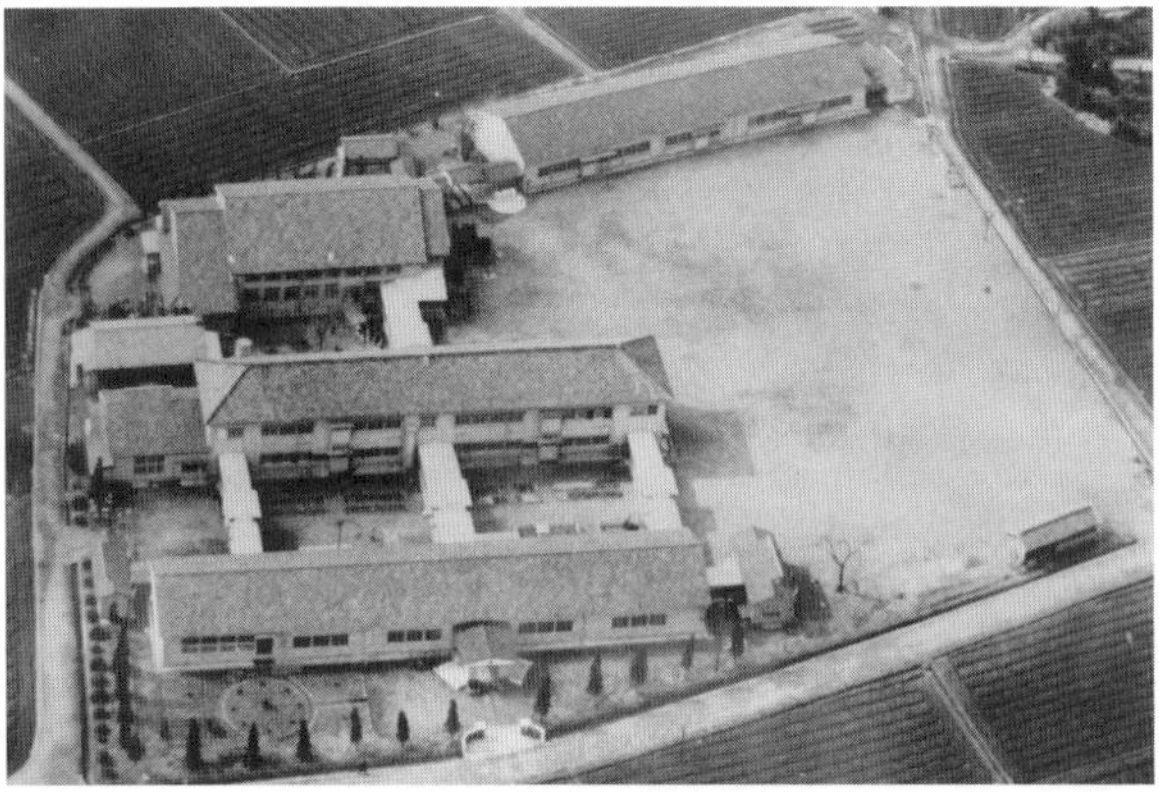

久原小学校（昭和33年頃）

山田小学校（昭和44年頃）

両校ともに明治六年とされ、一四〇年余りの歴史がある。

久原小学校は現在の中久原区中園集落に開校されており、当地には「久原小学校開校の地」記念碑が佇んでいる。久原小学校はその後、中久原区鍛冶《かじ》に移設され、次いで現在の下久原区姫野に移転し現在に至っている。なお、鍛冶に建設された久原小学校の校舎は、その後久原村役場、久山町役場として使用され続けた。

現校舎は昭和六十年に落成。東南に教室を配置することによって自然光を最大限に取り入れており、柔らかい印象を受ける教室となっている。また、教室廊下側の仕切りをなくし、隣接教室への自由な行き来ができる非常に珍しい造りとなっている。

一方、山田小学校は上山田の斎宮を仮校舎として開校し、その後下山田に移転することとなったが、猪野村が通学不便となるため、山田小学校の分校が猪野村内に設立された。その後まもなくして山田小学校は現在の場所に移転し、今日に至っている。

現校舎は平成四年に落成。廊下を広くとり、ゆとりのある明るい空間をつくるとともに、教室の配置に変化を持たせた造りとなっている。

久山中学校については、昭和二十二年、学校組合久山中学校が発足し、開講式が執り行われたが、独自の校舎をもつものではなく、山田小学校、久原小学校の教室を利用したものであった。それから数年のうちに現在の場所に木造平屋建ての校舎が完成し、小・中学校の施設整備が完了した。

現校舎は昭和五十一年に学校体育館、隣接する久山会館、勤労者体育センター（現久山町立町民体育センター）とともに完成し、教

久山中学校（昭和40年頃）

みんな元気！ 朝の挨拶

室の廊下側の窓は障子を使用した珍しい造りとなっている。

久山町は地域づくりの基礎として道徳教育に力を入れてきた。

昭和四十八年、久山町は自治省（現総務省）からコミュニティ・モデル地区に指定され、これを機に「ふれあい・美化・健康」の三本柱をスローガンに地域の社会づくりを推進してきた。しかし、周辺の都市化の進行に伴い、青少年の非行の増加が見られるようになった。そのような中、昭和五十二年、小・中学校は文部省（現文部科学省）により学校教育推進指定校に指定され、「地域ぐるみの道徳教育」という課題を掲げ、まちづくり、人間づくりの基礎として道徳教育を位置付けたのである。

毎朝小学校の校門の前に多くの児童が整列し、大きな声で朝の挨拶をしている。みんな元気な声で、誰かれ構わず挨拶をしているのだ。当番で挨拶をしているだけなのかと思ったが、街なかですれ違ってもやはり大きな声で挨拶をしてくれる。久山町の道徳教育の賜物であろう。

祭り・観光

久山町は現在、八行政区で形成されており、行政区ごとに色々な祭りが執り行われている。

■猪野

●猪野天照皇大神宮春季大祭（猪野祭り）
四月二十日に近い土・日・月曜日に五穀豊穣を願って実施されるお祭り。一日目は神事・祭典、二日目は奉納武道大会、三日目は日籠《ひごも》りが行われる。二日目の武道大会では柔道・剣道の試合が行われ、糟屋地区や福岡市から小中学生が参加する大規模な大会となる。

●ひさやま猪野さくら祭り

平成二十四年から開催されている、まだまだ歴史の浅いお祭り。毎年三月末、満開の桜の中で伊野天照皇大神宮と猪野公園の周辺を舞台に開催される。メイン会場では久山産の商品や美味しい食べ物などの出店、千人館では音楽演奏や展示などのイベントが行われる。また夜には、ライトアップで艶やかに照らし出された夜桜も楽しむことができる。

猪野天照皇大神宮春季大祭の奉納武道大会

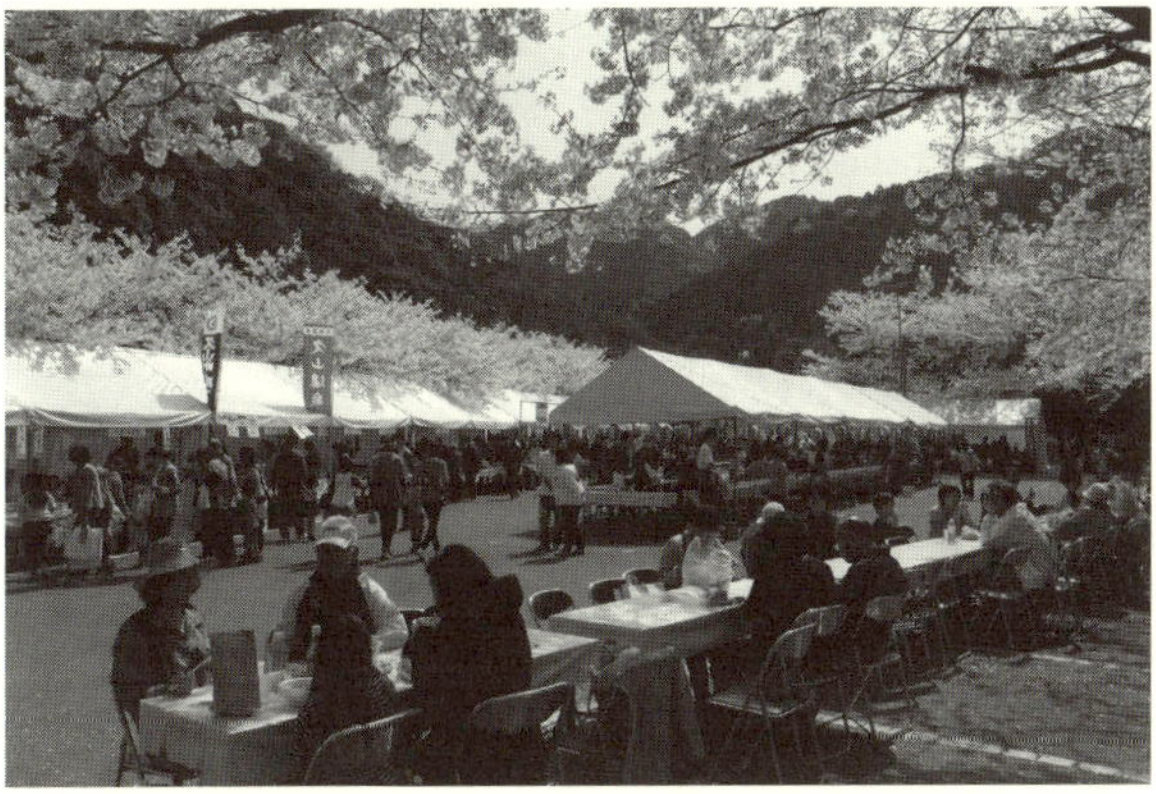

ひさやま猪野桜まつり

■上山田

●盆綱引き

八月十五日の夕方、南橋付近で行われ、かずらややなどを編み込んで作った綱を切れるまで引き合う。

上山田盆綱引き

五穀神社奉納相撲大会

地獄に落ちようとする亡者たちに綱を差し伸べて助けようとする仏様と、それを阻もうとする地獄の鬼たちの綱の引き合いが由来とされている。以前は猪野や上久原でも行われていたが、青年団の解散などで継承者が減り、現在では上山田のみで行われている。

■下山田

● 五穀神社奉納相撲大会

若宮八幡宮の五穀神への奉納として明治中期から始まり、毎年敬老の日頃に行われている。相撲大会の後、青年たちが相撲甚句《すもうじんく》を唄いながら一歳未満の男の子を抱いて土俵入りし、子どもの健全な成長を祈願する。

上久原ふるさとかかし祭り

白山神社獅子舞

■上久原

●白山神社獅子舞

毎年、年越しに合わせて白山神社の境内で舞われる獅子舞で、地元有志で組織する保存会により、昭和五十七年から続いている。もともとは、昭和二年、白山神社神殿の遷座記念に雌雄一対の獅子頭を作って舞を奉納したことに由来するという。一月二日、上久原集落の各戸を回り、獅子舞を披露。家内安全と厄払いを願って舞われている。

●上久原ふるさとかかし祭り

地元有志による村おこしとしての案山子《かかし》の制作・展示が始まり。昔ながらの案山子というよりも、リアリティを追求した作品となっており、集落内の賑やかさを演出している。近年、行政区主催のふる

祇園祭りの万度参り・清道廻り

さと祭りとの合同開催となり、集落全体での賑わいを見せている。

■中久原

●祇園祭り

七月八日、九日に近い土・日曜日に須賀神社で開催される。土曜日は子ども相撲が行われ、翌日は須賀神社への「万度《まんど》参り」と中久原集落の各戸を回り祓《はら》い清める「清道《せいどう》廻り」が行われる。

この他、全町的に行われている祭りや行事には次のようなものがある。

●祭りひさやま

毎年、生涯学習の一環として、住民相互の親睦・交流の場を設定し、ふるさと意識を深めながら、明るく住みよいまちづくりの推進を図ろうと町内各種団体で組織された実行委員会（祭りひさやま実行委員会）の主催により開催される、久山町内最大のイベント。大会の締めくくりには、この時期には珍しい花火大会も行われ、周辺の市町からも非常に多くの見物客が訪れる。

●久山いやさか市

久山町や近隣地域の旬の素材を使った食べ物をはじめ、野菜などの産品や手づくり雑貨など、こだわりの軽トラ店舗が大集合する。その他に、音楽演奏などのイベントも開催される。

「いやさか」という言葉には、「ますます栄えること」「繁栄を祈って叫ぶ声」「ばんざい」などの意味があり、このイベントを通じて出店される方々や来場される方々、また、このイベントや久山町がますます栄え、賑わっていってほしいという願いが込められている。

祭りひさやま

久山いやさか市

●久山の秋の食フェスタ
「食」を通して、地域の大切な産物や食文化を感じ、秋の久山をみんなで楽しむ美味しいイベント。久山でとれた新米や新鮮な野菜、加工品や工芸品などのお店が町内外から集まり、軽トラ市スタイルで軒を連ねる。その他、音楽演奏やダンス、炊きたて新米ごはんのふるまいなどのイベントもある。

久山の秋の食フェスタ

ほっけんぎょう

●ほっけんぎょう

上久原、中久原、東久原、上山田、下山田の四集落で行われている。真竹や藁で五～六ｍの塔を作り、正月の飾り物を供えて、一月七日の早朝に旧年の感謝と新年の無病息災を祈願しながら火をつけ燃やす。

これらの他にも、日籠りや地蔵祭りなど様々な伝承行事が各地域で執り行われている。

■町の観光

『筑前国続風土記』によると、江戸時代には天照皇大神宮を「九州のお伊勢さん」として参拝する人も大勢いたということであるが、交通の発達と多種多様な娯楽の出現で九州のお伊勢参りは下火となってきた。

久山町は、もともと農村地帯で旧所・名跡の類がほとんどなく観光とは無縁であったが、平成に入り、大型商業施設の開業に伴って近隣市町のみならず県外からの交流人口が増加した。しかしながら、商業施設が目的の来町者が町内を循環することは稀で、目的が達成されると長時間滞在することもなく、観光といえるものではなかった。

商業施設周辺は活気づいたものの、それ以外の地域では日中でも行き交う人がまばらな状況であったが、首羅山遺跡の発掘と国史跡指定により、年に一～二回行われる見学会には、県内外から三百人を超える方が見学に訪れ、商業以外での交流人口の増加を見ることができた。また、行政区あるいは地元有志、各種実行委員会の努力により、先に紹介した様々な催しが執り行われるようになり、それぞれの催しに多くの方が訪れてくれるようになって、少しずつではあるが集落内に活気が戻ってきた。

＊

位置、歴史、健康行政、産業、教育・道徳、祭り・観光と紹介してきたが、久山町とはどんなところだと感じられただろうか。

久山町は、周辺自治体で福岡市のベッドタウン化による急激な人口増加と自然減少が進む中、急激な人口増加を嫌い、独特な土地政策や健康行政、教育を進めながら昔からの文化・伝統を継承しつつ、閉鎖的といわれながらも「来る者は拒まず」、特に近年の祭りや催し物は「お・も・て・な・し」の心でふれあいを大切にし、新しいものに取り組み挑戦する町なのである。

私が見た久山町2

早稲田佐賀高等学校二年
友枝　愛

私が久山町で生活したのは、小学校五、六年生のとき。たったの二年ほどだ。けれど、久山町でつくった思い出は、数え切れないくらいある。そして今も色あせることなく、私の胸の中で輝き続けている。それほど、久山町で見たものや感じたことは、美しく、魅力的で、私の心を何度も震わせたのだ。

私が初めて訪れたとき、最初に思ったのは、自然が豊かであること。優しく風にゆれる木々や花々、ゆったりと流れる川、力強くそびえ立つ山……目を閉じると自然が奏でる音楽が聞こえてくる。自然がこんなにも心を落ち着かせ、美しいことを初めて知った。久山町で生活する中で、地域とのつながりを感じた。地域の方々が、毎朝どんな日でも校門の前であいさつをして下さったり、竹細工や生け花、久山の伝統・文化について教えて下さったり、町中で声をかけて下さったり……。私たちはいつも地域の方々の愛を感じることができ、それは心に安心をもたらしてくれることを知った。何事も一生懸命頑張ることが毎日を輝かせることを知った。久山町の方々は、なんでも全力だった。仕事や勉強、行事、辛いことも楽しいことも。私もつられて全力でやってみた。すると、つまらない日なんて一日もなくて、生きるって楽しいって心から思えた。伝統や文化は、守り、伝えていくべきものだということを知った。久山には遺跡や貴重な資料がたくさん残されている。それらからは昔の人々のメッセージを読み取ることができ、また昔の人々の努力があって今の社会があり、私が存在すること、命のつながりに気づくことができる。そして命やメッセージを未来につなげることが、自分の大切な使命であると思った。
　久山町にしかない良いところはたくさんあり、日々発見や気づきの連続だった。これが私という

みんなで作った作品とともに
（右から２番目が友枝さん）

人間を豊かにしてくれたと思う。特に心に刻みこまれた発見がある。それは、私が腰をケガしたときにみんなが気づかせてくれたことだ。腰をケガしてから三カ月間、激しい運動を禁止しなければいけなかった。大好きなテニスの練習ができず、運動会や山登りなどの行事に参加できず、運動が好きな私にとって、これは耐え難いことだった。また、みんなと同じことができないことは、全くそんなことはないのだが、仲間に入れず輪の外で一人ぼっちにされているように思えたのだ。「私もやりたい」「なんでケガしてしまったんだ」。不安や悔しさ、後悔……マイナスな気持ちで心が押しつぶされそうだった。でも、私はこの気持ちを誰かに伝えることはできなかった。自分のことは自分で解決するべきだし、私のせいでみんなまで暗い気持ちにさせてはいけないと、思っていたからだ。けれど、やっぱり心が日に日に苦しくなって、ある日とうとうクラスの中で泣いてしまった。

「やってしまった」と思った。恥ずかしくて、情けなくて、下を向くしかなかった。

「大丈夫？」

誰かが声をかけてくれた。顔を上げると、そこにはみんながいた。「一人じゃないよ」「みんながついてるよ」。私は優しい言葉に包まれた。「そっか、一人で悩まなくてもいいんだ。辛いときは、辛いって言っても、みんなは受け止めてくれるんだ」。心がスーッと楽になるのを感じた。このとき、人の優しさがこんなにも大切で温かいことを知った。そして、私がたくさんの支えによって生きているということを改めて考えさせられた。家族、友達、先生やコーチ、地域の方々、私が食べる動物や植物だってそうだ。私は一人で生きているんじゃない。あたり前のこと。だけどよく忘れてしまいがちだ。久山のみんなは、それを気づかせてくれたのだ。

みんなが気づかせてくれてから、一日一日を大切にできるようになった。たくさんの支えのおかげで生きられる今日を、無駄にしてはいけないと思ったからだ。前向きになれた。腰をケガしたからこそ、大切なことに気づけた。つまり、どんなこともとらえようだ。辛いことも、自分にとって、プラスと見るかマイナスと見るかで変わってくる。こんな自分に変われたのは、みんなのおかげだ。もし、あのとき声をかけてくれなかったら、ずっと腰のケガを恨んでいたかもしれない。久山町に来て良かった。久山町には、素敵な自然やつながり、伝統、心……、他にも良いところがたくさんある。おかげで、たくさんの経験、思い出ができ、成長できた。今は引っ越しして、なかなか行くことができないけれど、「成人式の日においで」と、みんなが言ってくれた。だから絶対に行く。そして「ありがとう」と伝えたい。みんなでつくった思い出を語り合いたい。

久山町、本当にありがとう。大好きです。

平成17年以来、首羅山遺跡を
調査し続けるエキスパート

第二章

久山町の自然と歴史

総論

久山町の悠久の歴史

九州大学名誉教授
首羅山遺跡保存整備指導委員会会長　西谷　正

私は、首羅山《しゅらさん》遺跡の本格的な発掘調査が始まった平成十七（二〇〇五）年に、調査指導委員長として久山町を訪れたとき、久山町は町全体が公園のようなところだというのが最初の印象であった。それには、町の九七％が市街化調整区域に指定されていることに加えて、首羅山の一部が太宰府県立自然公園に、また、首羅山北側の神路山《かみじやま》一体が樹齢百年以上のスダジイ・タブノキの自生地として国の猪野自然環境保全地域にそれぞれ指定されていることが大きく係わっている。そして何よりも、町の七〇％以上が森林という豊かな自然に恵まれていることが大きい。このような自然の恵みと、町民が堅持する自然との共生という理念が重要である。

町の北側では、三郡山系に当たる犬鳴《いぬなき》山地の麓に、標高二八八・九mの白山《はくさん》が聳《そび》え、地域のランド・マークになっている。白山を挟んで北側に猪野《いの》川と、南側に多々良《たたら》川に合流する久原《くばら》川と新建《しんたて》川がそれぞれ流れ、流域平野を潤している。

そのような山と、河川流域の沖積地で、久山町の祖先の人たちが原始・古代から近・現代まで、悠久の歴史を営んできた。

久山町の歴史のあけぼのは、いまから一万三千年以上前の旧石器時代後期にさかのぼる。久原や猪野で発見された当時の旧石器は粗雑なナイフ形などの打製石器で、それで動物を狩ったり、調理したりして暮らしていた。そのような時代が数万年間ほど続いた後、いまから一万二千年ほど前になると、縄文時代に入る。

首羅山から博多湾を望む

縄文時代は、縄文土器という土器が発明されたことが、もっとも大きな特徴といえる。このことで、食物を煮炊きしたり、貯えることもできるようになった。石器についても、細かく打ち欠いて作った打製の鏃《やじり》が登場し、弓矢によるイノシシやシカなどの狩猟活動が盛んであったことがうかがえる。海まで出かけて魚貝を手に入れたかどうかわからないが、久原川などで魚をとったりしたかもしれない。
きれいに磨いて作った磨製石斧《ませいせきふ》は樹木の伐採用であるのに対して、下久原の片見鳥《かたみどり》遺跡で出土した打製石斧は土掘り具で、竪穴住居を作るために地面に竪穴を掘ったり、畑の開墾や耕作に使われたりした可能性もある。とはいえ、主として食用植物は、ドングリなど堅果類の採集に頼っていたと思われる。山に近いところで発見される遺跡は、縄文人が山の幸などの自然とともに生きたことを思わせる。

縄文時代の人びとは、片見鳥遺跡で見つかったような一つの竪穴住居に一家族が住んだようである。東久原の一ノ井手《いちのいで》A遺跡では、食べ物の煮炊きをした炉の跡も見つかっていて、当時の人びとの暮らしぶりを想像してみたくなるであろう。

ところで、今から二五〇〇年ほど前になると、日本の歴史にとって、大きな出来事が起こる。稲作と金属器の始まりに象徴される弥生時代の開始である。石器も縄文時代には見られなかった、きれいに磨き上げた柱状《ちゅうじょう》・扁平片刃石斧《へんぺいかたはせきふ》のような木工具、稲の穂摘み具としての石庖丁や石剣・石鏃《せきぞく》などが新たに登場した。さらに、鉄や青銅で作られた武器なども出現するが、いずれも当時の朝鮮半島南部から進んだ技術や文化をもった人びとによってもたらされたものである。

久山町では、そのころの主な遺跡として、久原の天神面《てんじんめん》・大藪《おおやぶ》や山田の下山田遺跡などの住居あるいは集落と、原《はる》の石棺墓群の遺跡が知られる。

一方、いまから二千年余り前の弥生時代も中期後半のころのことが、中国大陸の『漢書』地理志に記録されている。つまり、日本列島は百余りの国ぐにに分かれていたというのである。そのような記録を裏づけるかのように、北部九州を中心に漢の銅鏡・貨幣さらには「漢委奴国王《かんのわのなのこくおう》」金印などが発見される。ここでいう当時の国とは、糟屋郡といった郡が一つか二つぐらいの規模の小国であった。弥生時代後期末のことは「魏志倭人伝」に記されているが、糟屋地域には、不弥国《ふみこく》があった可能性がある。その場合、久山町の遺跡群は、糟屋地域に誕生した小国である不弥国を構成する集落群、あるいは村々であったと位置づけられよう。

その後、いまから一七〇〇年余り前のころ、三世紀中ごろになると、日本列島の各地で、人一人の墓としてはあまりにも大きい古墳が築かれ始め、四百年間ほど続いたので古墳時代と呼んでいる。一方でこの時代は、近畿地方の大和《やまと》盆地の東南部で成立したヤマト王権の時代である。ヤマト王権の大王たちは競って、前方後円墳に象徴される大規模な古墳を築造した。

上ヶ原古墳

ヤマト王権が成立すると、日本列島各地にあった小国群を掌握し、統合化に取り組み、その結果、小国群の王たちも前方後円墳をはじめとする古墳を築くようになっていった。久山町も例外ではなく、久原川流域の丘陵地に相ついで古墳が築かれた。たとえば、久原の乙宮《おとぐう》古墳群は前期の竪穴式石室であるのに対して、同じ久原の上ヶ原《うえがはる》や山ノ神の古墳は後期の円墳で横穴式石室であり、勾玉《まがたま》・管玉《くだたま》・耳環《じかん》といった装身具、馬具、土師器・須恵器と呼ばれる土器などが出土している。

当時の人びとは、弥生時代以来、同じような竪穴住居一つに一家族が住んでいた。古墳時代も後期に入ると、住居の壁ぎわに竈《かまど》が作りつけられ、屋内で煮炊きした。生活を支えたのは稲作であったが、人口の増加

山田の斎宮

ともに水田がどんどん開発されたようである。町内の大薮遺跡、前田遺跡、下山田遺跡など、当時の集落（村）の遺跡が知られるが、それらの集落群を見おろすような周囲の丘に古墳群が築かれたのである。

古墳時代のことは、一三〇〇年ほど前の八世紀はじめのころ、奈良時代前期に編さんされた『古事記』や『日本書紀』にも記録されている。たとえば、久山町に関しては、『日本書紀』の気長足姫尊《おさながたらしひめのみこと》すなわち神功皇后九年の条に、足仲彦《たらしなかつひこ》すなわち仲哀天皇が筑紫の橿日《かしひ》の宮（現在の香椎宮）で崩去された折、神功皇后は小山田邑《むら》に斎宮《いつきのみや》（祭宮）を造ったと書かれている。その斎宮は、現在も山田に残る「斎宮」だという説があり、神話と地名をめぐって興味深々といったところである。

『日本書紀』にはまた、継体天皇二十二（五二八）年の条に、北部九州の大豪族であった筑紫国造《つくしのくにのみやつこ》磐井《いわい》の子ども、筑紫君葛子《つくしのきみくずこ》が糟屋屯倉《みやけ》を大和朝廷（ヤマト王権）に献上したという記事が見える。糟屋屯倉の場所はまだ特定されていないが、糟屋地域がヤマト王権にとって、内外政治や軍事的に重要であったことをうかがわせるとともに、糟屋という地名が古くからあったことがわかる。

前に、弥生時代後期末の邪馬台国の時代に不弥国という国の存在を想定したが、その国は古墳時代に入って、縣《あがた》と呼ばれる地域社会となった可能性が他の地域の様子から考えて類推される。その場合、不弥国は糟屋縣になったことが想像できる。仮に糟屋縣を想定できたとして、糟屋縣はさらに、七世紀後半の飛鳥時代の糟屋評《かすやのこおり》を経て、八世紀はじめに奈良時代に入って糟屋郡へと変遷する。

阿恵遺跡（粕屋町教育委員会提供）

平安時代の記録である『和名抄』によると、糟屋郡は九つの郷つまり村々から構成されていたが、その中に「柞原《くはら》（久波良）」があり、久山町のことが登場する。

飛鳥時代から奈良時代を経て、平安時代に至る古代は、律令制つまり種々の法律や刑罰の制度を設けて、古代国家が確立した時代である。そこでは、いわば現代に通じる文書行政が行われた。そのような古代における糟屋郡の役所の遺跡が、最近、粕屋町の阿恵《あえ》遺跡で見つかっている。ちなみに、糟屋評の造《みやつこ》であった春米連広国《つきしねのむらじひろくに》が、戊戌《つちのえいぬ》の年（六九八年）に鐘を鋳造したと刻んだ、京都の妙心寺の釣鐘の銘文から、七世紀末の糟屋評の長官の名前がわかる。

一方、古代の日本では、仏教がいわば鎮護国家の宗教理念として重要視された。そのため、全国各地の国と、その下の郡にそれぞれ国分寺と郡寺が建立された。糟屋郡に関していえば、粕屋町の駕與丁《かよいちょう》廃寺跡は郡寺の遺跡であろう。その場合、郡寺を中心として、糟屋郡内に仏教信仰が浸透していったと推測される。久山町の清谷寺《せいこくじ》に残る平安時代前期の木造の地蔵菩薩立像、十一面観音立像や、平安時代末期の首羅山の山頂で出土した、天仁二（一一〇九）年銘のある経筒《きょうづつ》などもそのような背景で理解できよう。

平安時代も後期に入ると、律令体制が崩壊しはじめ、貴族や官僚に代わって武士が台頭し、やがて十二世紀末には中世の鎌倉時代へと移る。この時代、久山町では首羅山が仏教信仰の殿堂として最盛期を迎える。本谷地区には、五間堂と呼ばれる立派な仏殿が、そして山内各所に僧坊が数多く建てられた。僧侶の中には、中国の宋から帰国した悟空敬念《ごくうきょうねん》のような禅僧がいた。山内各地からは、中国からもたらされた石造物である、いわゆる薩摩塔や宋風獅子をはじめ、陶磁器の高級品などが出土していて、山林寺院隆盛の背景に、国際都市・博多における中国人貿易商である博多綱首《ごうしゅ》らの関与が推測される。

そのほか、久山町の尾園口《おぞのぐち》遺跡では、一辺が約一〇〇mの溝で囲まれた中世豪族の屋敷跡が発掘調査された。この遺跡の周辺には、「古門《ふるかど》」とか「古屋敷《ふるやしき》」といった地名も残っており、中世集落の復元研究が課題となっている。

中世も十四世紀に入ると、室町時代と呼ばれるが、間もなく皇室が南・北に分かれ、それぞれに加担する武士が加わって、南北朝の争乱の時代に入る。糟屋周辺では、北朝方の足利尊氏と南朝方の菊池武《たけ》敏《とし》・阿蘇惟真《これざね》らが多々良川の浜で戦っている。その際、足利尊氏の支配下にあった久山は、北朝方の一翼を担って参戦したことであろう。そして、その戦いに勝利した足利尊氏は、猪野の地を太宰府安楽寺つまり現在の太宰府天満宮に寄進（寄付）した。そのほか、久原が筥崎宮領に、また、山田は香椎宮領にそれぞれなるなど、周辺の有力神社の経済基盤の役割をも果たしていた。

一方、首羅山の山林寺院は、室町時代には衰退するが、おそらく十四世紀前半の元弘・建武年間と天正十四（一五八六）年に炎上し、灰塵《かいじん》に帰したことが要因であったろう。その結果、村里で再興されることになったのではなかろうか。現在、村里にある寺院には、室町時代の仏像が少なからず見られる。たとえば、龍興寺《りゅうこうじ》の虚空蔵菩薩《こくぞうぼさつ》坐像、頭光寺《とうこうじ》の如来形坐像、猪野観音堂の聖観音《しょうかんのん》立像などの諸仏である。

首羅山遺跡の調査風景

さて、室町時代も幕府の勢力の弱体化に伴って、各地の有力者が台頭し、互いに覇権を競うようになり、戦国時代に入る。その結果、有力者、言い換えれば戦国大名は平地の堅固な居館と、非常時の山城を競って築いたのである。そのような山城の一つが立花山にあるが、ここは中国地方西部の長門《ながと》の大内氏と、大分地方の豊後の大友氏の戦乱の舞台となった。そのため、久山町域も争乱に巻き込まれたようで、下山田城のような山城が知られる。

その後、戦国諸大名の中から織田信長が抜きん出て、天下の統一を目指し、さらに豊臣秀吉によって偉業が達成された。このような安土桃山時代は短命であったが、徳川家康によって慶長八（一六〇三）年に江戸幕府が開かれ、約二六〇年間にわたる江戸時代が展開した。

江戸時代の久山町域は、黒田氏の福岡藩に属し、久原村・山田村・猪野村が表糟屋郡の一部として位置づけられた。ここは、弥生時代以来農業生産が豊かなところで、福岡藩の米どころとしての役割を果したのではなかっただろうか。そして、福岡藩主が久山の地で鷹狩を行ったり、あるいは、天照《てんしょう》（伊野）皇大神宮《こうたいじんぐう》が歴代の福岡藩主の篤い信仰を受けるなど、久山の地と福岡藩主の密接な関係がうかがえる。

江戸時代も十九世紀中ごろから、資本主義体制のヨーロッパ列強の外圧があり、幕藩体制が動揺しはじめた。そしてついに明治元（一八六八）年の新政府の発足をもって、近代化への道を歩み出すことになった。

近代化の波は、久山の地にも押し寄せ、東久原の明治鉱業高田炭坑久原坑や猪野の中河内採銅所など、殖産工業が盛んとなった。その間、明治二十二年に猪野村と山田村が合併して山田村が、さらに昭和三十一（一九五六）年には山田村と久原村が合併して久山町が誕生し、現在に至っている。

以上、一万年以上前の旧石器時代に始まる久山町の悠久の歴史を振り返ることで、現在を見定め、そして、これからの歴史を築き上げてゆくために、町民が心を一つに、力を合わせて日常の生活に勤《いそ》しみたいものである。

1 自然保護と都市計画

久山町経営企画課課長
安倍達也

九七%の市街化調整区域

久山町は、なぜ九州の中枢都市・福岡市を中心とする福岡都市圏にあって、人口は約八五〇〇人と少なく、山や農地などの豊かな自然がこんなに多く残っているのかと不思議に感じられている方が多いのではないだろうか。

それは、次のような理由による。久山町では、昭和四十四(一九六九)年に全町域三七四三haを都市計画区域として指定し、同四十五年に市街化区域(市街化を推進する区域)面積約一〇一haと市街化調整区域(市街化を抑制する区域)面積約三六四二haの線引きを行い、用途地域(住居地域や工業地域など)を同四十八年に決定した。将来にわたり環境保全を第一に、急激な開発や人口増を避け、生活道路や水道など、インフラ整備を優先させるため、なんと全町域の九七%を市街化調整区域に指定し、農地は農業振興地域として面積五五二haを指定することで保全し、山林は保安林指定することで、国土の無秩序な開発行為を極端に抑制してきたのである。

なお、市街化を推進する市街化区域は、全町域の約三%に留まり、その後も、市街化区域の拡大は行わず、大半が開発を抑制した土地政策であった。

昭和五十年代に入ると、九州自動車道、山陽新幹線が町域を横切る形で整備され、周辺市町村では無秩序な住宅開発などが随所で見られるようになったが、本町では、このような乱開発を未然に防止し、自然環境や農林業の生産環境を保護するとともに、農村の伝統的な地域コミュニティや集落環境を維持してきた。しかしながら、その当時から農林業の低迷が顕著となりはじめ、昭和五十五年を境にそれまで増加していた人口が減少し、若年層の町外流出、人口の高齢化などが顕在化してきた。また、農家と非農家との混在化、建築物の形態または色彩の混在、景観形成の混乱による居住環境の悪化などが予想され、集落の活力低下が問題視されるようになった。その当時の都市計画法では、市街化調整区域内での宅地化は厳しく抑制されていたため、以上のような問題点を解消する手法が見つからなかった。

土地政策の転換

このような状況下、昭和六十二年に当時の建設省と農林水産省との共管によって久山町をモデルとした集落地域整備法の制定を機に、「開発抑制による農林業の保護」から「農林業を保護しつつ計画的な開発の受け入れ」へと政策転換を行うこととした。そこで本町は、この集落地域整備法を運用することにより、市街化調整区域内における開発行為を厳しく抑制している都市計画制度の枠組みの中で、従来は極めて困難であった集落地域の維持・振興に資するための新規宅地の整備・開発を行い、居住地、生活様式などに関しても多様化・高度化しつつある町民のニーズに対応した都市的な機能性・利便性と、農村地域の自然環境を併せ持った「新田園居住」ともいうべき居住形態を創造していくなど、久山町が行ってきた土地政策をこの法律により長期的に飛躍させることとした。そのため町全域八集落に対し、地域住民による土地利用計画（将来的に宅地化を推進するエリア、農業を振興するエリア、道路、公園・緑地計画など）の策定を求めたのである。

この計画策定には、町職員もオブザーバーとして参加し、各集落の将来像を創りあげたのである。集落では、こうした作業を通じ、将来、子孫に継承する地元集落の整備（地域づくり）の詳細について、町民間でのコンセンサスが得られたと考えている。

町の基本構想の策定

平成元（一九八九）年には町の基本構想を策定し、以来、国土、社会、人間の三つの健康づくりによる「健康」を真に実感できるまちづくりを理念とする健康田園都市の実現を目指してきた。これは、九州大学医学部との連携による人間の健康づくり、農村社会の持つ伝統的なコミュニティを尊重し、ヒューマンスケールで良好な人間関係を維持するための社会の健康づくり、及び人間と社会の健康を育む生命の源、社会共有の財産である自然環境の保全に努める国土の健康づくりに集約される。具体的には、集落地域整備法を活用した「快適な集落環境の整備（田園居住の推進）」や、ヘルスC&Cセンター（生活習慣病予防健診・健康増進施設）を核とする「メディカルヘルスゾーンの形成」など、活性化を促すためのリーディングプロジェクトの展開を定めた。

市街化調整区域における地区計画の策定

それから約十年、プロジェクトのいくつかは具体的なものとして実現し、町民生活の向上に資してきたが、十分に成果があがっているとはいえず、また集落地域整備法を活用した快適な集落環境の整備についても、上久原《かみくばら》地域（上久原・中久原・東久原地域の一部）に留まり、法制度そのものの限界もあり本町全域にわたって実施するには至らなかった。

このような状況下、平成十年の都市計画法の改正では、市街化調整区域における良好な居住環境の維持及び形成を図るため、地区計画の策定対象区域及び開発許可の対象範囲の拡大を図るなどの措置が講じられたことにより、新たな宅地化の開発手法が加わり、地域住民主体のまちづくりを柱に、新たな展開が開始されるに至った。

土地政策の新たな転換

そこで本町では、この法改正を受けて、平成十九年に地域活性化策の手法として、市街化調整区域の既存集落及び周辺区域、幹線道路沿道区域などでの地区計画制度の導入による都市的土地利用拡大の方向性を明確化し、全集落の市街化調整区域（開発抑制区域）における地区計画を都市計画決定した。

現在まで都市計画決定した市街化調整区域内の地区計画区域及び集落地区計画区域の区域数・面積は、集落型（住居系）では、二十三区域の約二五〇ha、非住居系（商工業系）では、生活環境を悪化させないよう、住宅から離れたエリア十区域で約四七haとなっている。このように大規模な範囲で都市計画決定し、新規住宅地や工場・物流倉庫などの企業誘致として利活用できる土地を創出したのである。

高層建築物がない町並みと田園風景（奥は福岡市）

ちなみに、この地区計画制度のメリットとしては、開発を抑制された市街化調整区域での開発許可の対象範囲が拡大されたことで計画的な新たな開発の道が開けたことが大きな点であるが、他に三つの点がある。

一つ目は、建築規制のルールを地区の実情に応じて「詳細に」決めることができる点である。地区計画制度以前の建物を建てる際の一般的なルールとして、建築基準法による用途地域規制（住宅や工場などを建築できる地域の規制）や高さ制限（建築物などの高さ規制）などがある。建築基準法では、敷地単位の建築物に対する最低の基準の確保が目的であり、用途地域は都市計画全体の観点から広い範囲にわたって定められたものであることから、その制度の性格上、地区の特性に応じたまちづくりには対応できない点があった。このため、良好な住環境を持つ低層住宅地であっても、建築基準法による用途地域規制の範囲内で高層の建築物が建築され、居住環境に大きな影響を与えるという問題も起こり得た。これに対し地区計画制度では、地区という小さな単位で「建築物の高さ」や「外壁などの色」、「壁面後退」や「建築用途の制限」などの建て方のルールを実情に応じて詳細に定めることができるため、地区の環境の保全や地区に相応しいまちづくりの積極的な誘導を図ることができるというメリットがある。

二つ目は、地区内の住民が利用する身近な地区施設（生活道路や小公園など）をつくっていくことができる点である。これにより、土地区画整理事業などを行わない地区でも、住民にとって身近な道路や公園を計画的に造るための仕組みができたのである。また、地区計画には新しくつくる仕組みだけではなく、現存する樹林地などの緑地で良好な環境を確保するのに必要なものを保全する仕組みもある。

三つ目は、地区に住む人々が地区の将来の姿を共有できる「計画」をつくることができる点である。市街化調整区域内における地区計画制度の創設以前は、地区を単位とした総合的な計画をつくる契機となるものがなかった。都市全体の将来像は、その骨格は分かるが、個々の建物などは省略して表現され、生活環境との関係がイメージしづらいものであった。一方、地区計画では、具体的な建物や道路・公園などを見ながら、地区の実情を十分踏まえて将来像をつくることができる。このような「地区」レベルの計画づくりは、地区計画制度ができたことによって、地域に最も身近な行政主体である町が対応できるようになった。ただし、その地区計画を担保するには建築条例などの制定が必要である。本町では、

「久山町まちづくり条例」に基づいて、建築行為に関して決まりを作り、町と町民及び建築行為者が一体となって良好な自然環境、安全で快適な居住環境の保全・整備を図り、現在及び将来にわたり健康で豊かな田園文化都市の創造に寄与することを目的として「久山町環境保全条例」を制定している。

デメリットについては、本町での地区計画は都市計画法第十二条の五第一項第二号ロの規定での運用が主であるが、このロ型地区計画の課題として、地区整備の担保を確実に得ることがある。特に道路の整備はロ型の生命線であることから、地区施設（道路・公園など）を事前に一括整備せず、個別開発主体による随時整備に委ねた形をとると、未開発地域では道路整備が進まず、農地や資材置場、駐車場などが混在した状況となり得ることになり、無秩序な市街化の始まりになる懸念がある。また、町の上位計画である総合計画や都市計画マスタープランなどと整合しない地区への開発圧力が高まる懸念がある。

今後も、少子・高齢化、若者や壮年層の町外転出などに伴い活力が低下している地域コミュニティの再活性化が必要である。そのため、地区計画制度の積極的な活用などにより、地域の特性に応じた計画的な住宅供給と生活基盤整備、併せて住民の健康増進やレクリエーションの場としての総合運動公園やフォレストロード（遊歩道）などの整備を計画的に進めていく必要がある。

最後に、農地保全と農林業の振興について触れておきたい。まず農業については、農産物の輸入自由化や農業従事者の高齢化、後継者不足などにより、農用地の荒廃や遊休地化が進んでいる。農業の活性化は急務であり、これまで守り続けてきた優良農地をいかに利活用するかが課題である。

また、林業振興では、町域の三分の二を山林原野が占めるため、水源の涵養や治水としての役割の他、地域材の活用・普及推進が必要である。今回、久原・山田両幼稚園の統合にあたっては、すべての部材に久山の地域材を活用することとしており、荒廃森林を対象とした再生事業にも取り組んでいる。今後の林業経営の安定化を目指すには、森林の適切な維持・管理と、林道の改良や作業道の整備などの林業基盤整備を図りながら、地元の森林資源を活用したブランドを定着させるなど、林業活性化策が急務である。なお、イノシシやシカなどの有害鳥獣による農林作物への被害が拡大しており、捕獲対策が求められている。

おわりに

このように、これまで無秩序な個別開発を規制してきたからこそ、町が第一に誇れる財産、それが自然の豊かさである。森林・河川には昆虫をはじめ、小動物や魚など、数多くの生き物が生息している。初夏の日暮れ、町を流れる二つの清流の上流では、ホタルが飛び交う幻想的で美しい光景も目にすることができる。自然とのふれあいを求めて、町外からもたくさんの人たちが訪れる私たちの町。多くの人たちがここで、豊かな自然があることの幸せに思いを馳せる。

これからも自然と共生しながら、町の活性化に向け、計画的な新規住民の受け入れや、各種プロジェクトの推進、財政基盤の確立のための企業誘致など、これまで培ってきた財産の有効活用に努め、新たな町の将来像である「安心・元気な『健康が薫《かお》る郷《さと》』の実現」を目指し、今まで以上に心の豊かさや暮らしの安心、家族や地域の絆を実感できるまちづくりを町民の皆様と協働し、他市町村と異なる地方分権時代の共生型まちづくりのモデルとして邁進していきたい。

2 久山の自然と文化財

久山町教育委員会教育課 江上智恵

はじめに

久山町は、玄界灘へ注ぐ多々良《たたら》川の上流、福岡平野の東の端に位置する。立花山、犬鳴山《いぬなきやま》、若杉山に囲まれ、町域の七割を森林が占める。さらに町の九七％を市街化調整区域とする、独自の施策が続けられたため、福岡市に隣接していながら、今も豊かな自然が残っている。

町内には多々良川の支流である久原《くばら》川とその支流の新建《しんたて》川、猪野《いの》川が流れ、これらの河川によって形成された扇状地に集落を形成している。町の大部分の地質基盤は三郡変成岩《さんぐんへんせいがん》類である。三郡変成岩の元の岩石は三億六千万年から二億五千万年前に堆積した岩類であり、日本列島の最も古い岩石のひとつである。結晶片岩《けっしょうへんがん》と蛇紋岩《じゃもんがん》類で構成されており、地殻変動や花崗岩《かこうがん》などの岩帯の複雑な変成作用から、滑石《かっせき》などの鉱物を産する。滑石は、縄文時代から土器の胎土《たいど》に混入されたり、中世には経筒《きょうづつ》や鍋などの容器に加工されたりしてきた鉱物である。結晶片岩や蛇紋岩は、打製石斧《だせいせきふ》や古墳の石材などとして利用された。また、変成岩の岩の隙間には、金属鉱床が形成されており、久原や猪野では銅鉱石を産出していた。明治時代から昭和初期にかけて盛んに採掘された石炭は、新第三紀に堆積したもので、本町を含む糟屋郡は有数の産炭地でもあった。

周辺の山々に目を転じると、猪野の神路《かみじ》山一帯には、樹齢百年以上のスダジイ・タブノキがあり、県の猪野自然環境保全地域に指定されている。また、立花山のクスの原始林は国の指定文化財である。このような状況から、かつてこの地の山々は照葉樹林に覆われ、山の恵みにあふれていたものと思われる。緑豊かな風景の広がる久山町は、山々の豊かな恵み、豊富な水資源と鉱物資源があり、このような背景のもとに長い歴史が営まれてきたのである。

猪野地区の照葉樹林

久山町には豊かな自然とともに、歴史を物語る文化財が町の随所に残っている。ここでは、平成二十五（二〇一三）年三月に国史跡となった首羅山《しゅらさん》遺跡をはじめとする、久山町とその周辺における考古学的な調査の成果、及び町内に残る伝承や文化財などの調査の積み重ねによって明らかになりつつある久山の歴史を概観する。

古代以前の久山

片見鳥遺跡出土の縄文土器

歴史を遡ってみると、旧石器時代にすでに人々は原山《はらやま》や高橋池周辺の山々に入り、狩猟を行っていたようである。縄文時代前半には久原川の支流である新建川流域にわずかに生活の痕跡が見られるようになる。縄文時代後期に至り、久原川流域に集落がつくられた。後期後葉を中心とする片見鳥《かたみどり》遺跡は、この時期の多々良川流域の拠点的な集落であった(1)。やがて晩期後半になると、久原川と多々良川の合流地点付近に位置する、粕屋町・江辻《えつじ》遺跡周辺に拠点集落が移動する。江辻遺跡が大陸と密接に関係した遺跡であり、稲作導入期の大きな役割を果たしたことを考えれば、内陸に大きく入り込んでいた多々良浜は、遙か縄文の時代から対外交易の窓口として重要であったことが想定できる。やがて弥生時代を迎え、稲作の定着とともに、片見鳥遺跡周辺に再び集落がつくられる。久原川流域は、豊富な水資源とゆるやかな扇状地という地形から稲作に適していたようであり、天神面《てんじんめん》遺跡など久原川の右岸にも徐々に集落は拡大していく。

やがて弥生時代後期になると、猪野川流域の平野部にも集落がつくられるようになる。現在商業施設となっている下山田遺跡では、弥生時代後期の祭祀土坑が確認されており、祭祀に使用された高坏《たかつき》とともに多量の炭化したドングリや炭化米が出土している。

原石棺群

弥生時代終末から古墳時代初頭には、原《はる》の丘陵上に石棺群がつくられる。町指定文化財として保存されている原石棺群である。緑色片岩《りょくしょくへんがん》の割り石を箱型に組んだ墓で、八号石棺には丁寧な磨きを施した小型壺が、十号石棺には鉄製刀子《とうす》が副葬されていた。この時期の箱式石棺墓には副葬品を伴わない例が多く、貴重な例といえる。北側には原古墳群があり、平成十一年に調査を実施している。すでに削られており、主体部は検出されなかったものの、方形の周溝や庄内系の甕《かめ》などが確認されており、古墳時代初頭にこの地に古墳がつくられていたことを示している。多々良川流域は古墳時代前期の前方後円墳が多く分布し、福岡市・天神森古墳など三角縁神獣鏡《さんかくぶちしんじゅうきょう》を出土する古墳も見られ、畿内勢力と深い関係があったとされる地域でもある。

古墳時代中期から後期にかけては、乙宮《おとぐう》から上《うえ》ヶ《が》原《はる》にかけての丘陵など、集落に隣接する丘陵の先端部に古墳がつくられるようになる。最も古墳が増加するのは六世紀後半以降であり、上ヶ原古墳では、鉄製の刀をはじめ多量の鉄鏃《てつぞく》（矢じりの先）や金銅製の馬具などの副葬が目立ち、軍事的な拠点のひとつであったことが想定される。

古墳時代の集落は、久原川流域では前田遺跡・大薮《おおやぶ》遺跡などに代表され、久原川左岸流域の平野部に広く展開しているものと思われる。前田遺跡は久原川の左岸に位置し、五世紀後半から六世紀の竪穴住居が確認されている。猪野川流域の下山田遺跡では古墳時代の竪穴住居群や倉庫と思われる掘立柱式建物が見つかっている。古墳時代初頭の住居からは山陰系の土器類が出土しており、搬入品と考えられる。下山田遺跡では、「玄界灘式製塩土器」と呼ばれる赤焼きの土器が多く出土した。玄界灘式製塩土器は、「津《つ》の御厨《みくりや》」といわれる海の中道遺跡で多く出土することから、この名称で呼ばれている。糟屋地域の集落遺跡では多く出土し、塩生産や運搬にのみ使用されたとは考えにくい出土状況を示している。

古墳時代の本地域にまつわる史実としては、磐井《いわい》の乱の翌年（五二八年）、糟屋の屯倉《みやけ》の献上がある。糟屋の屯倉の比定地については、粕屋町付近であるとか、古賀市・鹿部田淵《ししぶたぶち》遺跡周辺であるなど(2)、さまざまな説がある。いずれにせよ、糟屋の地が軍事拠点や対外交渉の拠点として重用視されていたことを示しており、六世紀前半に、朝廷の直轄地となったことは後の寺院の建立に大きく影響する要因のひとつといえよう。

もうひとつは京都・妙心寺《みょうしんじ》に伝えられる鐘に刻まれた銘文である。「戊戌《つちのえいぬ》四月十三日壬寅《みずのえとら》収《おさん》、糟《かす》屋評造《やのこおりのみやつこ》春米連広国《つきしねのむらじひろくに》、鋳鐘」とあり、糟屋評の長官である春米連広国が、鐘を鋳させたと解釈できる。妙心寺鐘は六九八年につくられ、観世音寺鐘と同じ鋳型を用いていたといわれる。鐘の素材となる銅の産地としては北部九州では香春岳《かわらだけ》周辺が有名であり、銅生産には多くの渡来人が関わったとされる。

ここで注目すべきは猪野の中河内《なかごうち》などで銅鉱石が産出される点である。古代の記録は皆無に等しく、短絡的に久原・猪野の銅と妙心寺鐘や観世音寺鐘を結びつけることはできないが、銅を産するという点は留意しておく必要があろう。近年の調査で発見された粕屋町・阿恵《あえ》遺跡は「糟屋評」の比定地とされている。

以上、古代以前の状況について述べてきたが、豊富な資源を有し、多々良川流域に位置するという立地条件が、久山町の歴史を考えるうえで重要であることがわかる。川添昭二氏は古代以来の多々良川流域の文化を重要視し、「多々良川文化(3)」とも呼んでいる。遙か縄文の時代以来、大陸との交流も含め、船による人や物資の移動が活発な地域であったことが、後の本地域の歴史の展開に大きく影響してくるものと思われる。

周辺の古代寺院

日本への仏教の伝来後、六世紀末には畿内で飛鳥寺が建立された。その後、律令国家体制の確立のなかで仏教が国教として採用され、仏寺の建立が奨励されて大化の改新後に地方における仏寺の建立が進んだといわれる(4)。当時北部九州には大野城などの山城があり、大宰府には軍事拠点的な施設が築かれ、大宰府政庁の整備へと着々と進みつつあった。また、内外の使節の官舎として、鴻臚館《こうろかん》の前身である筑紫館《つくしのむろつみ》が設置された。そして「府《ふ》の大寺《おおてら》」といわれた観世音寺をはじめ、大宰府周辺や、西海道と都を結ぶ官道沿いには古代寺院がつくられた。

北部九州において、古代寺院が建立されはじめるのは、仏教の受容から百年ほど後の七世紀後半以降のことである。久山では、この時期には平野部で集落が形成され、集落を見下ろす低丘陵上には古墳がつくられていた。

糟屋地域においては、現在の駕與丁《かよいちょう》池のほとりに寺院が建立された。駕與丁廃寺である。長者原《ちょうじゃばる》廃寺ともいわれ、昭和四十四年の発掘調査では、鴻臚館系の軒丸瓦《のきまるがわら》や老司《ろうじ》系及び鴻臚館系軒平瓦が多量に出土している。出土した瓦には、火災によって焼けているものも多く見受けられる。[5] 筑前国分寺と同笵《どうはん》(同じ型でつくったもの)の軒丸瓦も含まれており、八世紀中葉頃のものと思われる。出土遺物には、七世紀後半の須恵器《すえき》や土師器《はじき》も含まれ、「大宅」「井」などの文字が書かれた墨書《ぼくしょ》土器も確認できる。これらの遺物から、この地には瓦葺《かわらぶき》建物の建立以前に、すでに寺院もしくは寺院に先行する建物があった可能性が高い。発掘調査で出土する鴻臚館系瓦は、大宰府の迎賓館である鴻臚館に使用されたことや、主として九州北部の国分寺を中心とする分布状況から、大宰府と密接な関係をもつ政治的な統制のもとにつくられたものであるといわれている。本地域では、駕與丁廃寺以外でも多々良川流域の内橋坪見《うちはしつぼみ》廃寺、多々良込田《たたらこめだ》遺跡、江辻遺跡から老司系瓦や鴻臚館系瓦が出土する。

内橋坪見廃寺の比定地付近には「辻寺」の字名が残る。「内橋」は「打橋」が転化したともいわれ、付近に海岸線があったことが推測される。粕屋町が実施した発掘調査によって、比定地周辺では八世紀代の掘立柱式建物や八世紀後半以降の瓦が出土し、近年の調査では礎石建物が見つかり注目されている。内橋廃寺の南西に日守《ひまもり》神社があるが、糟屋郡の条里《じょうり》や西海道の駅路《えきろ》を検討した日野尚志氏は、内橋廃寺付近に古代の駅である夷守駅《ひなもりえき》があったのではないかと推定している。[6・7] 内橋廃寺と同様の瓦は多々良込田遺跡でも出土する。多々良込田遺跡は、多々良川河口に近い河川沿いに立地し、「コ」字型の配置を強く意識した官衙《かんが》的な性格をもつ建物群がつくられ、越州窯《えつしゅうよう》系青磁の優品が多く出土する。この時期は政府管理下による官貿易が中心であり、鴻臚館がその中心となっていた。そのようななかで、多々良付近で多量の越州窯系青磁が出土することは、入り江に面したこの地が、対外貿易の拠点のひとつでもあったことを示している。この点に着目し、再度内橋廃寺について見てみると、道の交差や分岐を示す「辻」の名は、多々良込田遺跡付近の多々良浜からの条里と西海道の交差する位置にあったことに起因することも想定される。さらに日野氏の条里の想定に沿えば、駕與丁廃寺や三宅廃寺などの古代寺院も、大宰府を基点とする条里と港から直線的に結んだ線の交差する位置に設置されており、古代寺院や官衙的な施設の建立には、単に古代官道沿いということだけではなく、貿易拠点を考慮した立地の選定が行われていたものと思われる。

内橋廃寺の北東に位置する江辻遺跡第六地点では、八世紀後半から九世紀の掘立柱式建物が確認されており、「加麻又郡」の線刻をもつ須恵器や越州窯系青磁が出土している。「加麻又郡」は、古代の文献にも存在しない郡名であり、誤記であるとか『和名抄』編纂以前の郡名であるなどの諸説があり、未だ結論を得ていないが、郡名を記した土器や、掘立柱式建物とともに鴻臚館系瓦が出土しており、官衙の存在が窺《うかが》われる。

久山町域に目を転じると、久原川の支流に位置する一ノ井手《いちのいで》B遺跡検出の掘立柱式建物周辺では、八世紀後半頃の硯《すずり》・墨書土器とともに、古代の瓦片が出土している。町の南側に接する篠栗町・和田部木《わだへき》原《ばる》遺跡からも、掘立柱式建物群と八世紀後半の遺物、瓦片が出土している。一ノ井手B遺跡や和田部木原遺跡出土の瓦や墨書土器は、官人の存在を想定させる遺物である。

現在までの発掘調査から、多々良川流域に古代寺院が成立するのは、八世紀以降と考えられる。駕與丁廃寺の調査では、墨書土器や硯など七世紀後半から八世紀の遺物が出土し、掘立柱式建物の検出があり、寺院に先行する官衙的な施設があった可能性がある。一方、久山の地にこの時期、寺院があったことを決定づける資料は、今のところ発掘調査では見つかっていない。寺院の存在の可能性を示す最古の遺物は、今に残る平安時代前期の清谷寺《せいこくじ》観音堂所蔵の仏像なのである。

古代から中世へ —— 山林寺院の隆盛

平安時代前期の仏像
（清谷寺蔵、久山町指定文化財）

仏教伝来時の寺院は、平野部につくられた国家統制の強いものであった。やがて平安時代になると、山に修行や祈禱《きとう》を行うための寺院を建立するようになる。山岳・山林寺院⑧の発生である。古来より、日本には山そのものや、山中の巨岩や巨石などを信仰の対象とする山岳信仰があった。『古事記』

伝白山神社経塚出土品（九州歴史資料館蔵、福岡県指定文化財）

や『日本書紀』などでも神々は山と深く関係しており、日本各地の山内の岩陰などに土器を祀るなどの祭祀の痕跡も残っている。平安時代になると、神そのものでもある山に仏教が入り、寺院の建立がなされ、神仏習合思想が展開していく。

　九世紀には、犬鳴山に薬王寺《やくおうじ》がつくられた。標高一五〇mほどの急斜面に平坦地を造成してつくられた寺院で、九世紀前半には堂宇《どうう》が建てられ、十世紀代を全盛期とする。基壇《きだん》付礎石建物が検出しており、寺院の終末期には瓦葺の寺が建てられた。報告によると、出土する瓦は十一世紀後半から十二世紀初頭に位置づけられる。半肉彫《はんにくぼ》りの単弁八葉《たんべんはちよう》の蓮華文の軒丸瓦や鬼瓦で、やや稚拙なつくりであるが、鴻臚館出土瓦の一部と同じ系統とされる。寺に隣接して窯跡も発見されている。

　十一世紀末から十二世紀中葉にかけては、福岡平野周縁部の山々で経塚造営《きょうづか》が活発になる時代である。多々良川上流の若杉山、久原川上流の首羅山、須恵川上流の若杉山佐谷《さたに》などに、法華経などを納めた経《きょう》筒《づつ》が埋納された。これは平安時代末期に流行した末法思想を反映したもので、如来《にょらい》が出現する五十六億七千万年後まで経典を伝えるというものであった。伝白山神社経塚出土品の経筒は、紀年銘を有する最古の銅製四段積上式経筒で、天仁二（一一〇九）年の銘があり、台座には中国人名と思われる「徐工」の墨書がある。(9) また若杉山佐谷観音堂経塚出土経筒にも、線書きで「宋人　馮榮　伏」「弟子　鄭□」と刻まれている。北部九州に集中する銅製積上式経筒にのみ中国人名が刻まれることも指摘されており、(10) 本地域周辺の経塚造営には中国人が関わっていた可能性が高い。

首羅山山頂

本地域周辺の経塚造営がなされた山々は、鎌倉時代を最盛期とする山岳・山林寺院として展開していくが、その初源や展開については調査例が少なく未解明な部分も多い。

久山町で平成十七年度より継続して行っている首羅山遺跡の調査は、松屋健二氏、片山安夫氏の踏査による研究成果をもとに開始し、九州歴史資料館との共同調査を行うなど、福岡平野周縁部における山岳・山林寺院の実態の解明を目的のひとつとしている。平成二十五年には国史跡に指定された。福岡県内の山林・山岳寺院の国史跡としては二例目である。

首羅山は、『筑前国続風土記拾遺』によると三五〇坊があったとされる。中世末には廃絶したとされるが、今も西谷・本谷・別所・日吉を中心に、建物こそ朽ちていながら中世そのままの姿を留めている。頂上部には、経塚以外に

首羅山遺跡出土瓦

首羅山遺跡出土の磁器片

も宋風獅子[11]や薩摩塔などの大陸風の石造物が鎮座する。山の中核的な寺院は、本谷中腹につくられ、ここで発見された基壇は一辺が二〇mを超え、大規模な五間堂が建立されていたことが確認できている。また、基壇の西側の平坦地を中心に連巴文《れんどもえもん》軒平瓦と梵字文《ぼんじもん》の軒丸瓦が出土しており、瓦葺の堂宇があったものと思われる。梵字文の軒丸瓦は畿内では多く見られるものの、九州では宇佐の弥勒寺《みろくじ》と首羅山、蔵持山の三例のみが確認されている。[12] 連巴文軒平瓦は、太宰府安楽寺や武蔵寺《ぶぞうじ》で出土例がある。本谷の基壇建物や、頂上部付近で確認された経塚群や石段は南北を意識してつくられている。首羅山の北には宗像大社が位置し、南側には観世音寺があり、これらの寺社には宋風獅子など大陸風の遺物が見られることも留意する必要があろう。首羅山の山内からは貿易陶磁が多く出土し、中には白磁の四耳壺《しじこ》、青磁の壷や皿などの大型品や優品が混在している。

本地域周辺の山岳・山林寺院には、薬王寺廃寺のように十一世紀段階で消滅する寺院と、首羅山や若杉山などに展開した寺院のように、遅くとも平安時代末には出現して鎌倉時代を最盛期とし、中世末に縮小する寺院の二者に分けられる。薬王寺廃寺では一カ所に堂宇が集中するが、首羅山、若杉山などについては、山全体をひとつの単位として、山内の中核の寺社を中心に展開している。頂上部付近を聖地とし、中腹に中核寺院や墓地をつくり、山裾に坊を営むという重層的な山の構成は、宝満山や英彦山に展開した山岳寺院と同様である。さらに、周辺には平安時代の仏像が多く見られ、若杉山の千手観音立像や清谷寺観音堂の地蔵菩薩立像などの平安前期に遡る仏像が今に伝えられている。

首羅山には、十三世紀に禅宗の高僧で宋で修行をした悟空敬念《ごくうきようねん》が終《つい》の棲家《すみか》として入山している。出土遺物や遺構の状況から、この時期に首羅山は最盛期を迎えるようである。また、西谷の西の尾根上に位置する墓《はか》の尾《お》には、文保二（一三一八）年銘の板碑《いたび》が二基現存しており、禅宗の教典である「円覚経《えんがくきよう》」の一部が陰刻されている。このように、首羅山には禅宗に関する資料が見受けられ、山内に残る多くの大陸系の遺物とともに、鎌倉期には禅宗僧によってもたらされた国際色豊かな文化が開花していたものと想定される。

周辺の様相を窺うと、十一世紀前半には律令体制の崩壊と鴻臚館貿易の解体が行われ、後半には民間貿易の台頭とともに中世都市・博多は急速に都市化している。博多は宋の商人の活躍により、十一世紀から十二世紀にもっとも栄えた。十二世紀後半には博多の「宋人百堂《そうじんひやくどう》」の跡に禅宗寺院・聖福寺《しようふくじ》が建立される。開祖・栄西は二度の入宋経験を持つ僧侶であり、聖福寺や承天寺《じようてんじ》などの禅宗寺院の創建以降、博多の町割が拡大することから、寺院が大陸との接点として、都市の中枢施設となっていたと考えられる[13]。また、多々良川の両岸にある筥崎宮、香椎宮は、貿易を通じて多くの中国人を帰属させていた。筥崎宮、香椎宮とともに、海に面し、正面の鳥居から見ると、背後には若杉山や首羅山を含む三郡山地がそびえている。このような景観を含め、周辺の様相を踏まえると、本地域周辺の山岳寺院は、港に面した有力寺社と、それを支えた中国商人や帰化人と密接に関係し、中国人が関与した経塚造営をひとつの画期として寺院が展開していったものと考えられ、大陸の色彩の濃い寺院であったと捉えられよう。

この時期の平野部の遺跡としては下山田遺跡第三地点、天神面《てんじんめん》遺跡、五反田《ごたんだ》遺跡、堀田《ほった》遺跡などが挙げられる。下山田遺跡第三地点は、猪野川の左岸に位置し、清谷寺観音堂に伝わる十一面観音が掘り出されたといわれる観音谷周辺の遺跡である。調査区の東側は、すでに造成によって削平を受けていたものの、旧地形は犬鳴山地から派生する丘陵の裾部にあたり、猪野川によって形成された平野の西端にあたる。方形の掘立柱式建物とそれに平行する道の一部と思われる溝があり[14]、西側の二基の井戸の中からは十一世紀後半から十二世紀初頭の瓦器碗《がきわん》や青白磁の合子《ごうす》、石鍋の破片などが出土している。遺構や遺物の状況から寺院跡の可能性が高いと思われる。下山田遺跡第三地点出土の瓦器碗と同時期のものは新建川流域の堀田遺跡の墓壙《ぼこう》と思われる遺構からも出土している。墓壙の周辺には六棟の掘立柱式建物が検出しており、屋敷墓の可能性もある。久原川右岸の天神面遺跡でも墓壙から青磁碗が出土している。また、煙道付火葬墓も確認されている[15]。隣接する五反田遺跡では、平安時代末から鎌倉時代の貿易陶磁片が多く出土し、掘立柱式建物が確認されている。久原川左岸の片見鳥遺跡においても青白磁合子の小片などが確認されている[16]。

以上のように、平安時代末から中世前半にかけて、町内の南西部の山裾や平野部での遺跡が増加し、広がりを見せる。また、久山町・尾園口《おそのぐち》遺跡をはじめ、多々良川中・下流域でも戸原麦尾《とばるむぎお》遺跡などでも掘立柱式建物を中心とする居館跡や屋敷墓などが出現し、貿易陶磁器を中心とした遺物が出土する。

『吾妻鏡《あずまかがみ》』などの文献によると、鎌倉時代には糟屋地域周辺は一部を除いて対外貿易の拠点でもある筥崎宮の所領であった。国際色の強い山林寺院の最盛期に多々良川流域の平野部の集落が拡大することから、流域の開発にも筥崎宮や山林寺院に寄与する中国人の関与が推察される。

南北朝以降

十三世紀後半には二度にわたる元の侵攻があり、博多には沿岸警備のために鎮西探題《ちんぜいたんだい》が置かれた。また、十四世紀に入ると、足利尊氏と菊池軍が戦った多々良浜の合戦に代表されるように、この地は南北朝の争乱の舞台となり、大内・大友の争奪の場でもあった。町内にも合戦の伝承の残る塚などが数多くあり、現在も屋敷内で祀っているものもある。

猪野は、観応三（一三五二）年に足利尊氏によって安楽寺に寄進され、安楽寺領となった。山田は元亀二（一五七一）年の香椎宮関連の古文書に山田郷の名称が見られ、香椎宮領であったことがわかる。また、久原は筥崎宮領であったが、文明十（一四七八）年の

高麗仏（清谷寺蔵、久山町指定文化財）

「筥崎宮神事用途注文」によると、久原は神事にかかる物品などを納めておらず、この時期、実質的には筥崎宮の支配下になかったようである[17]。

峯ノ元《みねのもと》A遺跡では、十三世紀後半から十四世紀の石塔や板碑が出土しており、野添《のぞえ》遺跡では十四世紀前半の墓地群が確認されている。首羅山においては、中腹に十四世紀代まで継続する墓地群があり、西谷の墓の尾では石塔の破片や文保二（一三一八）年銘の板碑が確認できている。鎌倉時代に隆盛を誇ったこの山も、十五世紀代の遺物が急激に減少する傾向があり、縮小していったものと思われる。また、清谷寺には十四世紀の高麗仏が伝わる。

久原出土銭（九州国立博物館展示）

室町時代の出土遺物として特筆すべきは、大量出土銭である。現在九州国立博物館に展示されている久原出土銭は、約十万枚と九州一の出土量を誇り、多々良川流域の粕屋町仲原《なかばる》で出土した古銭も約五五〇〇枚を数える。いずれも永楽通宝の割合が高い。久原出土銭の出土地周辺には、龍興寺《りゅうこうじ》や、首羅山の宝物殿の鍵を祀ったといわれる印鑰《いんにゃく》大明神（三輪神社）がある。また、仲原出土銭出土地付近には、天福寺、定林寺と呼ばれる寺院があったと伝えられる。最新銭は、仲原出土銭では朝鮮通宝（初鋳年一四二三年）、久原出土銭では宣徳《せんとく》通宝（初鋳年一四三三年）である。これらの最新銭の時期は、明からの銭の供給が極端に減少した時期であるが、対外貿易港であった多々良浜の近くの本地域には銭が流入している。その背景には、禅宗寺院・顕孝寺《けんこうじ》（福岡市東区）が大きな役割を果たしていたと思われる。顕孝寺は、多々良浜の入り江に位置し、大友貞宗《さだむね》が中国人貿易商人の経済的な援助を受けて建立した寺である。室町時代を通じて大友氏の対外貿易の拠点となり、日明貿易について独占的ともいえる力を持っていた(18)。さらに、出土地が寺社の近くである点、伊勢や関東で好まれた永楽通宝が多く含まれる点などから、これらの埋蔵銭は寺社が所有していたものであったことが想定される。大量の銭を埋める目的には、備蓄していたとか、戦乱の時期に隠匿したとか、地鎮のためであるなど諸説あり、この二例についても推論の域を出ていないのが現状である。

以上のように、南北朝期以降には、墓地や出土銭などの検出はあるものの、住居の検出は少なく、遺跡としては希薄である。これは調査の偏りにも原因があるのかもしれない。しかし、一方で、中世前半に栄えた首羅山も衰退の様相を見せ、南北朝期の戦乱以降、周辺の戦乱に巻き込まれていったことも遺跡が少ない原因のひとつであるのかもしれない。

久山に残る地名と伝承

以上、考古学的な調査を中心に本地域の歴史を概観してきた。地域の歴史を考えるうえでは、文献資料と発掘調査の照合も重要な作業となるが、文献資料については、ほとんど伝世していない現状がある。そのような中で、地域に残る地名や伝承は、貴重な資料のひとつとして取り扱う必要がある。そこで、ここでは町内に残る地名や伝承をみていきたい。

まず久原の地名であるが、初見は『和名抄』で、古代の糟屋九郷のひとつとされる。「くばら」は「柞原（久波良）」とも記載されている。『太宰管内志』では「柞」は「杭」の転記の誤りであるとされる。

久原地区には首羅山にまつわる寺社や地名が多く残る。首羅山は現在「白山」と呼ばれるが、初見の寛元五（一二四七）年の『法橋栄舜譲状案』には「須良山」と記載されている。寛元五年の段階では、禅宗の色彩の強い寺院[19]であったことが、悟空敬念の入山から想定される。『本朝高僧伝』の敬念の伝記には「首羅山」と記載されており、鎌倉期を見る限り、「白山」の名称は見当たらない。江戸時代の文献を見ると、『筑前国続風土記』では山中の寺院の総号を「白山泉盛院頭光寺」と呼び、天台宗寺院で座主は「大石坊」と記してある。『太宰管内志』では「白山」に「シラヤマ」と振り仮名がふられており、『首羅山由来』には白山の中核寺院は「首羅山頭光寺本覚院」と記載されている。首羅山は江戸時代には宝満山の春の峰入りの際の行場となっている。北部九州において、天台系山岳寺院には白山社がつくられることが多いことから、中世後半から江戸にいたる間に「すら」「しゅら」から「しら（白）」へと転嫁したものと考えられよう。現在、地元では、「はくさん」「しゅらのおね」「すらのおね」と呼ばれ、神社は「はくさん神社」と呼ばれる。また本谷・西谷付近には「首羅」の小字が残っており、古くからの呼び名が今も伝えられているのである。

白山神社は、もともと山頂付近にあったものを昭和二年に現在地に移したものである。今も山頂付近は「上の白山」と呼ばれ、信仰が続いている。上久原の集落内には首羅山頭光寺御汗如来堂《みあせによらい》がある。首羅山頭光寺には以下のような開山伝承が伝わる。天平年間（七二九～四九）に百済の国から白山権現が虎に乗ってきた。乗り捨てられた虎の猛威を恐れた地元の人々が、その虎を殺したところ、虎の首

（頭）が光輝きはじめた。そこで首を羅《ら》（薄絹）でくるんで埋め、その上に十一面観音を安置した。天平年間にはすでに百済はなく、伝承にすぎないことがわかるが、山内に、大陸と密接に関係していたことを示す多くの遺物があることを考慮すれば、外来神が起源として伝えられている点は注意する必要がある。『御汗如来縁起《みあせにょらいえんぎ》』によると、頭光寺の本尊である御汗如来は、江戸時代に頭光寺の住職・光願律《こうがんりつ》師《し》が、夢のお告げによって首羅山の山中から掘り出し、その際に汗をかいていたため「御汗如来」と名づけられたと伝えられる。秘仏として今に伝えられ、現在も三十三年に一度のご開帳が行われている。平成十九年四月一日に行われたご開帳では、お神輿《みこし》に御汗如来を乗せ、裃を着た男性や稚児とともに町内を回る行事が行われた。雅楽の隊列が連なるなど、神社特有の祭事の色彩が色濃く見られる。また、頭光寺に近い古賀《こが》の脇《わき》の道端には、頭光寺の銘のある庚申塔《こうしんとう》が現存する。頭光寺は神仏習合を今に見ることができる寺でもある。

現在の首羅山頭光寺

首羅山の山裾にある首羅観音堂は糟屋郡中札所中、第二番札所となっている。『筑前国続風土記』によると、白山の山頂付近にあった白山社の下にあり、江戸時代に現在の場所に移したと伝えられる。昭和四十年代に本尊の十一面観音は盗難にあっている。

久原地区の氏神様である若《わか》八幡宮は、頭光寺を別当寺《べっとうじ》としており、戦前まで頭光寺銘の鐘があった。頭光寺の調査で発見された棟札には若八幡宮の建物を移築した旨の記載がある。[20] 境内には五重の塔など中世に製作されたと思われる石塔が今に伝えられている。また、境内から子持ち勾玉《まがたま》が出土したことも報告されているが、[21] その所在は不明である。

他に首羅山に関わる山号が残る寺社名としては、現存する禅宗寺院・須良山崇徳寺《そうとくじ》がある。『筑前国続風土記拾遺』には、山号は「首羅山」と記載されている。元和元（一六一五）年に、博多安国寺を中興した英傑・天翁全補《てんおうぜんぽ》禅師を開山として迎えたと伝えられる。崇徳寺付近には毛後寺《けごでら》の地名が残る。「けご」は古くは大宰府直轄軍駐屯地であり、最大の軍事基地である警固所《けごしょ》との関係が深いとされ、その関連施設があったのかもしれない。[22] 天正年間（一五七三〜九二）に浄土真宗に転じたと伝えられる、紫雲山安楽寺もかつては天台寺院で、首羅山の坊のひとつであったとの伝承が残る。このように久原川流域に残る寺社のほとんどの由緒には、首羅山との深い関わり、かつての首羅山の影響の大きさと人々の信仰の深さを見ることができる。

近世になると首羅山は宝満山の峰入りの霊場となり、修験色が濃くなる。乙宮や印鑰大明神（三輪神社）は、宝満山出身の山伏・成圓坊《せいえんぼう》が奉祀したといわれる。社内には不動堂があったとされ、修験僧は近年まで集落にほら貝を吹きながら来ていたようである。

久原川・多々良川流域には「甘棠《かんとう》さま」[23] の伝承が残っている。「おかんとうさま」と呼ばれることもある。甘棠とはバラ科の落葉高木樹で、ヒメカイドウなどのことをいう。かつて木寄《きより》、名子《なご》、蒲田《かまた》には「甘棠の森」や石塔・祠《ほこら》があったとされるが、その所在は不明である。久原の木寄は河川の改修でかつての面影はなく、蒲田もその所在は不明である。農業や牛馬の神様であり、祭りの際に「駄祈禱《だきとう》」と呼ばれる子ども相撲が行われていたと伝えられる。かつては新建川と久原川の合流地点にある二瀬宮付近で駄祈禱が行われており、近辺に祀られていたのであろう。「甘棠」は中国では周の召公の徳をたたえる「甘棠の詠《うた》」として知られていることから、「甘棠さま」の起源を中国大陸とする指摘もある。(24)

天照皇大神宮

猪野から山田の黒男山《くろどんさん》周辺までは、猪野川によって形成された谷底平野が広がる。この小平野の最深部に、天照皇大神宮《てんしょうこうたいじんぐう》（伊野皇大神宮）がある。現在の天照皇大神宮は、江戸時代になって福岡藩の庇護をうけ、集落内の古宮《ふるみや》の地から移され、社殿が建立された。「九州の伊勢」と呼ばれ、江戸時代には多くの茶店が並び、賑わったと伝えられる。天照皇大神宮の代々の神官である豊丹生《ぶにゅう》氏は、都で神官であったが、室町時代の末に彦山に流され、その後、夢のお告げによってこの地に移ったと伝えられる。また、十六世紀末頃にはご神体を奪った薩摩兵が、そのたたりを恐れて宇佐の柞原《ゆすはら》八幡宮に一時ご神体を預けていたとの伝承もある。豊前とのつながりが見られる点で、これらの伝承は重要であろう。猪野には現在寺院はないが、猪野観音堂には室町期の仏像が安置されており、天照皇大神宮周辺に随願寺《ずいがんじ》、福楽寺などの寺名が残り、別所と呼ばれる地域もある。この谷の付近には山林・山岳寺院の一群として寺院が展開していたことが想定される。天照皇大神宮の周辺には五十鈴川《いすず》や斎宮《いつきのみや》があり、周辺も含めて伊勢によく似た雰囲気をもっている。

斎宮は『日本書紀』にも記載されている神社で、神功皇后の伝承が残っている。熊襲《くまそ》鎮圧に向かった仲哀天皇が香椎で亡くなり、神功皇后は神託により新羅討伐を決意、小山田邑《むら》に斎宮を造営して神託を下した神々を祀ったとされる。斎宮の位置は、小平野のほぼ中央に位置する。猪野川流域には神路山、審神者《さにわ》神社や黒男神社、六所宮《ろくしよぐう》、聖母屋敷《しようもやしき》など神功皇后にまつわる伝承をもつ地が多くある。斎宮の周辺には、馬場、堀ノ内など中世居館跡を彷彿とさせる字名が残り、平成二十六年度に行った尾園口遺跡の発掘調査では十一世紀から十二世紀の集落跡が発見され、千年前の区画が調査当時まで利用されていたことがわかった。

この小平野を取り囲む周辺の山裾にはかつて寺院があった。六通寺《ろくつうじ》は原山の内ノ木池の東側、古屋敷《ふるやしき》の地名が残る場所にあり、明治三十三（一九〇〇）年に原山の麓から現在地へ移転してきている。清谷寺も犬鳴山系から派生する丘陵の裾部にあたる観音谷にあり、谷からは十一面観音と一字一石経が掘り起こされたと伝えられる。また、下山田で祀られている「太郎坊さま」も岩戸原《いわとばる》の山裾に位置しており、寺院などがあったことが想定される。このように、猪野川流域にも多くの寺社があり、様々な伝承が今に伝えられているのである。

以上、久山町の伝承や今に伝わる地名などから、寺社とそれに関する主な事項を取り上げたが、これらは、小さな手がかりにすぎない。今後、発掘調査や文献調査などを積み重ねながら、一つひとつ検証していきたいと考えている。

おわりに

久山とその周辺は、遙か昔から玄界灘に注ぐ多々良川を介して、活発な対外交渉を行ってきた。仏教が伝来し、寺院の建立が始まって以来、多々良川流域の発展の背景には、寺社を中心とした盛んな対外交渉による文化や文物の流入があった。大宰府、鴻臚館、中世都市・博多の周辺部ともいえる本地域も、国際都市さながらの景観をもつ時期があったのである。そして、その後、戦乱の時代が長く続いたが、都市の周縁部であったがゆえに、幸いにも歴史の証《あかし》が今に残っているのである。

歴史を振り返ってみると、仏像や石造物をはじめとする歴史の痕跡が人々の信仰に支えられたりしながら、我々の目の前にあることは奇跡に近いことである。

久山町では現在も、どこのお寺やお堂を訪ねても清く掃き清められており、信仰が今に受け継がれていることを感じる。本稿が、これから先の保存への一助となれば幸いである。

注

(1) 江上智恵「糟屋平野における縄文時代後・晩期集落の様相」(『古文化談叢』第五十七集、九州古文化研究会、二〇〇七年)
(2) 『鹿部田渕遺跡』古賀市教育委員会、二〇〇三年
(3) 川添昭二『九州の中世世界』海鳥社、一九九四年
(4) 小田富士雄『宇佐市史』上巻第五章、一九七五年
(5) 粕屋町教育委員会のご厚意で実見させていただいた。
(6) 日野尚志「筑前国那珂・席田・粕屋・御笠四郡における条里について」(『佐賀大学教育学部研究論文集』二十四、一

九七六年）

（7）日野尚志「西海道における大路（山陽道）について」（『九州文化史研究所紀要』三十二号、一九八七年）

（8）山につくられた寺院については、その性格によって「山林寺院」「山岳寺院」などの名称で呼ばれている。首羅山は「山林寺院」である。

（9）宮小路賀宏「経塚資料覚書（二）」（『九州歴史資料館研究論集』二十四、一九九九年）

（10）三輪嘉六「積上式経筒試論」（八幡一郎先生頌寿記念考古学論集編集委員会編『日本史の黎明』六興出版、一九八五年）

（11）井形進「宗像大社の宋風獅子とその周辺」（『佛教藝術』二八三号、毎日新聞社、二〇〇五年）

（12）桃崎祐輔氏にご教授いただいた。

（13）山村信榮「禅宗寺院」（『季刊考古学』第九十七号、雄山閣、二〇〇六年）

（14）報告では特に触れていないが、本稿作成にあたって確認した。

（15）桃崎祐輔氏にご教授いただいた。

（16）細片であり、報告書には未掲載だが、流路跡から出土している。

（17）佐伯弘次「中世の糟屋郡と筥崎宮領」（『戸原麦尾遺跡Ⅲ』福岡市教育委員会、一九九〇年）

（18）川添昭二編『甦る中世Ⅰ』平凡社、一九八八年

（19）純粋な禅宗寺院とは考えておらず、古代からの山岳信仰や天台宗などのさまざまな側面をもった山であったと考えている。そのなかで、十三世紀から十四世紀初頭に禅宗的な要素が強く見られるということが首羅山の特色のひとつである。首羅山は調査を継続中であり、今後の調査の成果をまってこの点についてもより深く考えていきたい。

（20）平成八年に河上信行氏に頭光寺の調査を依頼し、報告書をまとめていただいた。頭光寺は近年建て替えられている。

（21）岡本健「筑前久原村出土の子持勾玉」（『古代文化』十三―二、一九四二年）

（22）服部英雄「まぼろしの山岳寺院白山　六」（『広報ひさやま』二〇〇七年十一月号）

（23）後藤周三『多々良の歴史と文化遺産』葦書房、一九八八年

（24）松永幸男氏が『甘とうさま』（一九八五年）として小冊子にまとめられている。

※本稿は「仏像の周辺」（『久山の仏像』久山町教育委員会、二〇〇八年）に一部加筆修正したものである。

3 山の魅力

久山町教育委員会教育課
江上智恵

「久山町」という町名を見ると、山が多い町なんだなと容易に想像がつく。確かに久山町は町域の七〇%以上を山林が占める。「久山」とは「久原村」と「山田村」が合併してできた町名であり、直接、山に由来する町名ではない。

「山田」も「久原」も古い地名であるが、特に「山田」の地名は、日本最古の歴史書『日本書紀』にも登場する由緒正しき地名である。『日本書紀』には「小山田邑《むら》の斎宮《いつきのみや》」という記載があり、江戸時代の学者・貝原益軒《かいばらえきけん》は現在の山田にある斎宮ではないかと指摘している。

久山町は福岡平野の東に位置し、福岡市に隣接する。神路山《かみじやま》、遠見岳《とおみだけ》、三岳《みたけ》、首羅山《しゅらさん》（白山《はくさん》）、新宮町にまたがる立花山《たちばなやま》と三日月山《みかづきやま》、篠栗町にまたがる三頭山《みつがしらやま》、宮若市にまたがる犬鳴山《いぬなきやま》がある。いずれも低山でありながら、景観をさえぎる高い建物もなく、美しい自然と山々の景観を残している。これは昭和四十五（一九七〇）年以来、当時の小早川新町長が打ち出した、町域の大部分を市街化調整区域とし、開発を抑えるという政策の結果、残すことができたものである。

池上池からの首羅山

山の歴史

久山町の山に残る歴史の痕跡は旧石器時代に遡る。三岳の麓や高橋池の周辺からはナイフ形石器など、一万年以上前の人間の活動の痕跡が発見されている。縄文時代以降も山の麓には集落がつくられ、台地や尾根上には古墳もつくられた。旧石器時代から延々と人々の生活の場であったことを示す遺跡が集中して見られる背景には、犬鳴山系から流れ出る豊富な水と、木の実や野生動物など食料獲得に適した山、尾根に囲まれた平野部など、生活しやすい環境にあったことが挙げられる。さらに山々を形成する三郡変成岩類《さんぐんへんせいがん》、滑石《かっせき》（温石《おんじゃく》）や蛇紋岩《じゃもんがん》などの変成岩類などの豊富な鉱物資源を有することも、古代からの生活の拠点であったことの理由のひとつに挙げられるのかもしれない。

やがて山そのものが信仰の対象となったり、山々に神や仏が祀られるようになったりして、里山として生活の場であると同時に祈りの場となっていった。猪野の遠見岳は、神功皇后が三韓出兵の際に登り、朝鮮半島を望んだとの伝承がある。

古代では立花山の最澄（伝教大師）の伝承がある。立花山はもともと二神山《ふたがみやま》と呼ばれていたが、最澄が唐から持ち帰った樒《しきみ》（モクレン科）の杖を立てかけたところ、その杖から枝葉が生い茂り、花が咲いたため立花山と呼ぶようになったという伝承がある。唐に渡った最澄は、この地を最初の布教地に選び、麓の独鈷寺《どっこじ》を創建したともいわれている。独鈷寺には最澄が持ち帰ったといわれる鏡や独鈷などの法具が伝えられており、境内には「独鈷水」や最澄が座禅をしたと伝えられる「座禅石」などがある。

平安時代になると山々に寺院がつくられるようになる。町内に現存する最古の仏像は清谷寺《せいこくじ》所蔵の平安時代前期（約千年前）につくられた地蔵菩薩立像や十一面観音立像であるが、十一面観音立像は現在の山田字「正現寺《しょうげんじ》」の付近から掘り出されたと伝えられる。

平安時代後期には首羅山に山寺がつくられた。鎌倉時代には三五〇坊もの僧坊などがあったとされ、大陸から珍しい石造物や陶磁器などがもたらされた。

このような山林・山岳寺院は中世をピークとして衰退し、南北朝期以降は山城が多くつくられるようになる。その代表として立花城があげられる。町内にも下山田砦跡など立花城の砦がいくつかつくられていたようである。

江戸時代になると山々は再び人々の生活と深く関わるようになり、特に犬鳴山周辺は炭の生産が盛んになった。また、宝満山の山伏の峰入りのルートも整備され、この付近の山々は山伏の修行の場となった。近代以降も薪をとったり、竹を切りだしたり、炭をつくったりしながら、地域が山を手入れし、守ってきたのである。

山はワンダーランド！

山も自然も、地方に行けばどこにでもあるといえばそうである。しかし、一五〇万都市・福岡市に隣接しながら、さえぎるもののない美しい山々を見ることができるという点が久山町の特徴である。そして、日常生活の中に生きる伝統の継承によって、自然に抱かれた美しい町並みがある。その周辺の山々には祈りの歴史の痕跡と昔ながらの植生が残り、山頂に登れば、かつて神功皇后や戦国武将が臨んだといわれる眺望を、体験することができる。

久山の山は、自然と雄大な歴史の片鱗を秘めたワンダーランドである。

ここでは、町の代表的な山々の歴史と自然を紹介する。

■遠見岳　三二二・九m

遠見岳は猪野に位置する山である。「九州のお伊勢さん」として親しまれる天照皇大神宮《てんしょうこうたいじんぐう》（伊野皇大神宮）が登山道の入り口となっている。天照皇大神宮は神路山の麓にあり、神路山の峰続きの山を遠見岳と呼んでいる。神路山の一帯にはスダジイやタブノキを主体とした照葉樹林帯が広がり、古くからの照葉樹の山の姿を今にとどめ、県の「猪野自然環境保全地域」に指定されている。

猪野の集落の入り口に立つ白い大きな鳥居をくぐり、天照皇大神宮の境内に入る。この白い鳥居から奥は聖域で、今も霊柩車が入らない。千人館の横の石段を登ると、杉木立に囲まれた社殿が見えてくる。

ひんやりとした空気や、滝の音がよりいっそうの静寂さを醸しだし、なんともいえぬ清らかさを感じる。お参りをすませ、拝殿の横の石段を登り進んでいく。杉や照葉樹の森の急な斜面を二十分ほど登るとゆるやかな尾根道となり、そこから十五分ほどで一気に視界が開け、頂上に到着する。

遠見岳山頂から立花山と玄界灘を望む

遠見岳の名前の由来は、『日本書紀』に記された「神功皇后三韓出兵のみぎり高岳によりて異国を望みたまいしところ……」の一文にある「高岳」がこの遠見岳であるという伝承からきている。神功皇后が三韓出兵の際に山頂から大陸を望んだという伝承だ。なるほど山頂に立つと、手の届きそうなところに立花山が見え、福岡平野や博多湾が一望でき、海に浮かぶ島々の遙か彼方に異国の地が見えそうな素晴らしい景色である。

山頂からの眺望を満喫した後には、北側に下り、林道を通り猪野ダムを周遊して天照皇大神宮に戻るルートがおすすめである。あまり知られていないが、春は桜、秋は紅葉がとても美しい、一時間ほどの散策コースである。

遠見岳は、その眺望とともに、山麓の町並み、掃き清められた小さな祠《ほこら》やお堂など、美しい自然のなかで静かに息づく古代以来の祈りの文化に触れることができ、ちょっと

福井県勝山市猪野の標識

した時間旅行を楽しめる。

ちなみに「猪野」の地名は国内に数カ所しかない。そのひとつに北陸の白山を開山した泰澄《たいちょう》の母の出身地と伝えられる「猪野」がある。白山平泉寺《へいせんじ》の近くに位置し、北陸の白山開山の重要な地域となっている。久山町においても、国史跡の中世山林寺院のある首羅山は「しらやま」「すらさん」とも呼ばれ、現在は「白山」と呼ばれる。その北側が「猪野」であることも興味深い。「白山」や「白山神社」は全国にたくさんあるが、「白山」と「猪野」が隣接する地域は久山と北陸の白山以外、他にはないようである。

■首羅山（白山）　二八八・九m

首羅山は、里山ともいえるさして目立たない低山である。しかし、三郡変成岩で形成されたこの山は、江戸時代の山伏たちにとっても厳しかったという記録が残るほど険阻である。特に中腹あたりから山頂にかけての傾斜はきつく、切り立った様相をしている。

山の北側には天照皇大神宮が鎮座しており、その後ろには神路山と遠見岳がそびえる。首羅山は今は藪《やぶ》に覆われているが、現在、間伐などにより、その眺望の復活に取り組んでいる。昔は山頂から、博多湾から福岡平野、そして周辺の霊山をぐるりと見渡すことができ、大変眺望がよかったという。

首羅山にはかつて三五〇坊を擁したといわれる山林寺院があった。その痕跡は平成二十五（二〇一三）年に「国史跡・首羅山遺跡」となった。首羅山の発掘調査は、山の歴史を知りたいという地域の人々の要望によって始まった。地域の伝承や人々の想いが首羅山の歴史をよみがえらせ、国史跡を生んだのである。

首羅山遺跡の発掘

江戸時代に書かれた『首羅山由来』によると、首羅山は天平年間（七二九～四九）に僧・源通《げんつう》が開山したとされる。伝承によると、白山権現が海の向こうの百済から虎に乗ってこの山に来たが、乗り捨てられた虎の猛威に怖れた村人たちが、この虎の首を切って殺してしまった。するとその虎の首が光ったので、虎の頭を薄絹である「羅」で包んで埋め、その上に十一面観音を祀った。このような話から、首羅山頭光寺《とうこうじ》と呼ぶようになったというものである。今も麓の集落に首羅山頭光寺が現存し、本尊の御汗如来《みあせにょらい》像は三十三年に一度ご開帳される秘仏とされている。

現在調査中の首羅山は、今は普段立ち入ることはできない。本谷地区から山頂までは聖域で、建物跡などは見られない。急峻な登りを十分ほど行くと山頂となる。中心のお堂があったと思われる本谷地区中腹の伽藍《がらん》配置は南北に軸線をとり、その正面は太宰府の観世音寺を向いている。大きなお堂があった基壇《きだん》に立つと、正面に九千部山《くせんぶやま》から脊振山の端正な姿を配していることがわかる。そして幾重にも重なる山々は、季節ごと、時間ごとにその表情を移ろわせ、その時々に美しい様相を見せてくれる。西谷地区には石鍋製作跡や石窟《せっくつ》があり、近年の調査では、岩を削ってつくった独特な庭園状遺構や池状遺構なども発見されている。

発掘調査によって、現状の地形は鎌倉時代の人為的な造成、つまり大工事によるものであることがわかった。ボーリング調査の結果、深いところでは七～八mもある谷を人力で埋めて平坦地を造成していたのである。調査が進むにつれ、この山に多くの知恵と労力と経済力が投入されたことがわかってきている。

平安時代後期から鎌倉時代にかけて最盛期を迎え、中世後半の廃絶から後は大きな土地の改変が行われることなく、当時の状況を残したまま、枯葉に埋もれてしまった大変重要な遺跡である。

首羅山は福岡平野の周縁、東シナ海の東に位置し、日宋貿易で富を得た博多綱首と呼ばれた中国人商人が深く関わったと考えられる山林寺院があった。中国人商人は禅宗の僧侶や寺社と結びつきを強め、日本のなかで大きな力と富を蓄えていったが、そうした動きをよく思わない日本の寺社もあり、有智山《うちやま》寺《でら》による円爾《えんに》への攻撃など、たびたび迫害を受けていたようである。そのような大陸の人々の拠り所としての役割が、首羅山のような里山の山寺にはあったのかもしれない。

注

首羅山は将来の整備・公開を目指しているが、現在は山域が個人所有地であるため公開は年に一回のみ。久山町のホームページなどで情報を公開している。

海からみた立花山

■立花山　三六七・一m

立花城で知られる立花山は、福岡市・新宮町・久山町にまたがる筑前名山のひとつである。博多湾に突き出たような端正な姿は、海から見ると特に目立ち、古代から陸上・海上交通の目印となっていたことがわかる。

古くは二神山と呼ばれ、井楼山《せいろうやま》（現在の立花山主峰）、松尾岳《まつおだけ》、白岳《しろたけ》、大一足《だいいっそく》、小一足《しょういっそく》、大《おお》つぶら、小《こ》つぶらの七つの峰からなり、総称して立花山塊という。

立花山のクスノキ（国指定天然記念物）

山は常緑広葉樹で覆われ、特に東側には数千本といわれるクスノキが群生している。自生地の北限となることから「立花山クスノキ原始林」として昭和三（一九二八）年に国の天然記念物に、昭和三十年に特別天然記念物に指定されている。森に一歩足を踏み入れると、

安川採石場跡地から福岡市内を望む

クスノキやカシ、シイが織りなす美しい照葉樹林が広がる。いたるところに巨木を見ることができ、エネルギッシュで、どっしりとしたクスノキの姿に圧倒される。通称「七股楠」など直径三mを超えるクスノキが有名だが、知られざる巨木もまだあるようだ。

立花山には、元徳二（一三三〇）年に豊後の大友氏が、筑前の拠点として立花城を築城し、以後二五〇年以上もの間、立花城は筑前支配の拠点となった。

七つの峰々の地形を活かした大要塞ともいえる構造で、その規模は九州一ともいわれている。

幾たびの壮絶な戦いが嘘のように、今は静かな美しい山だが、山頂直下に残る古井戸、松尾岳へ向かう途中の端正な石垣、各所に残る土塁や平坦地、麓の梅岳寺の立花道雪の墓所など、その歴史の痕跡はしっかりと地面に刻まれて、今に伝えられている。

■犬鳴山　五八三m

久山町の北側には屏風のように連なる犬鳴山系がある。西山（六四四・六m）を主峰に犬鳴山、牟田《むた》ケ尾《がお》、菅嶽《すがだけ》へと連なる。犬鳴山は細い谷合が入り組んだ地形をしている。古くは「いんなき」とも呼ばれ、炭や紙の生産地であった。

旧犬鳴トンネル付近が心霊スポットとして一時話題になったが、首羅山から尾根伝いに犬鳴山へ向かう縦走路は美しい山道である。安川採石場跡地からは、福岡市内から博多湾が一望できる。昔の峠道もきれいに残り、静かな沢もある。アップダウンに富んだ山歩きができる。

犬鳴山は熊ヶ城とも呼ばれ、宗像大宮家二十四支城の一つがあった。山頂は整地されており、付近には堀切《ほりきり》の跡など、山城の痕跡が残る。

さらに西に向かうと西山へも縦走することができる。首羅山から犬鳴山への縦走路は未整備であり、今後の整備・活用が待たれる。

山に咲く花。上からナンテン、フデリンドウ、ヤブツバキ、ヤマザクラ

私が見た久山町 3

久山町歴史文化勉強会
相良彰四郎

久山町は、政令都市の福岡市に隣接していながらも、糟屋郡内で最も人口の少ない八五〇〇人程度の町である。昭和四十三（一九六八）年、都市計画法が施行されるのに伴い、市街化調整区域を広く指定して、急激な住宅地の増加を避けたためである。このことは今に至って、豊かな自然と田園風景を保つと共に、歴史文化や地域の伝統行事が息づく町となっている。

平成二十五（二〇一三）年に首羅山《しゅらさん》遺跡が国の史跡に指定されたのも、乱開発を避けて計画的に調査がなされたことが大きな要因である。調査を進めていく過程で、地域の歴史文化に関心が高まり、町民自らの生涯学習の課題としても取り上げられ、平成二十年、ボランティア活動の久山町歴史文化勉強会が発足して今に活動が続いている。調査の成果が学校教育にも活用されて、久原・山田両小学校が、地域の歴史を学習に取り入れ成果を挙げたことで、平成二十六年に博報賞、文部科学大臣奨励賞を受賞するという快挙を成し遂げた。行政、住民、学校が三位一体となっての久山町の教育環境がここに花開いたのである。

また、久山町は古来、史跡が数多く存在する町である。地域の歴史とは、地域の先人が営々として築き上げてきた村づくり、町おこしを後世に伝えてくれている貴重なメッセージである。地域の

国指定史跡・首羅山遺跡の雪景色

歴史を知り、歴史に学び、学びを今に活かし、成果を次世代に継承することは、今に生きる私たちの務めである。

久山町の数多い史跡の中で双璧をなすものが、国の指定史跡となった「首羅山遺跡」と、神功皇后ゆかりの「山田・斎宮《いつきのみや》」である。

首羅山遺跡は、長い年月を経て首羅の虎に見られるように物語風に変化しながらも、その歴史が地域の人々によって代々伝承されてきた。平成十七年に事前調査が始まり、調査委員会が組織され、進展に伴い貴重な出土品が見られるようになった。これら出土品の分析と伝承、時代背景から、古来人々と深い関わりを持つ里山に、日本仏教の祖ともいわれている僧・道昭《どうしょう》が道場を開いた飛鳥時代に始まるのではないかと考えている。その後、時代の変遷と共に栄枯盛衰を経て室町時代、建武の兵乱を境に忽然と姿を消した山林寺院の遺跡である。古代より、久山は天、地、人の利を兼ね備え

神功皇后ゆかりの山田・斎宮

た地域であったことが窺われる。

「山田・斎宮」は、『日本書紀』や神功皇后伝承にも登場する、倭の朝廷が朝鮮半島の三韓と国交を進めるために外交機関を移し、北部九州の諸豪族に協力、支援を要請する拠点とした、弥生時代に遡る遺跡であると私は考えている。見方を変えると、国の外交機関を受け入れ得るほどに、政治的、経済的にも先進的な久山地域であったことが窺い知れる。

また、久山町は生涯学習を推進する町でもある。生涯学習とは、仕事であれ、学問であれ、スポーツであれ、個々人の生涯における思考、行動のすべてである。学習により人生の意義を高めようとすることである。公においてはこの意義をもって、より効果的な環境や施設を整えていくべきである。久山町はこれを堅実に推進していける歴史と天地の利を備え持った町である。

福原良一氏撮影「紅葉狩り」（第１回久山町フォトコンテスト入賞作品）

第四章

久山町の健康づくりへの取り組み

総論

健診事業の動機
半世紀以上の継続を可能にしたもの

国立循環器病研究センター名誉総長
前久山町ヘルスC&Cセンター長
尾前照雄

はじめに

我々医師団が町の健康政策に関わるようになったのは、久山町が発足してから五年後で、今日まで五十五年の年月が流れた。大学病院の医師団、とくに臨床教室のメンバーがこのように長期間にわたって町の健康行政、開業医ともよく連携し、一般町民の健康管理に関与してきた例は、国の内外に例のないことだろう。死因を臨床診断だけでなく、死後に剖検《ぼうけん》させてもらって病理学教室との共同研究として継続されてきた疫学研究には前例がない。この仕事の動機、長期間の継続を可能にした理由、得られた研究成果について概説し、今後の展望を述べてみたいと思う。

戦後七十年、日本は歴史上かつて経験したことのない変貌と経済発展を遂げてきた。日本人の平均寿命は戦後五十歳の時代から今や八十歳以上となり、その延長のスピードは世界に前例がない。人の世話にならずに生きていける健康寿命も世界第一位であるが、このことは日本が世界に誇り得る国の最大の実績だと思う。健康は単なる生活の手段ではなく、その保持と増進は生きる目的そのものである。

健診事業（久山町研究）について

■久山町健診こと始め

戦後数年間は日本人の死因の第一位は結核であったが、抗結核薬などの開発とX線胸部検診、栄養状態の改善などによって克服され、昭和二十六（一九五一）年以降は、脳卒中が死因の第一位になった。その克服が国民的課題となって血圧健診などが各職場や保健所で行われるようになり、昭和三十年前後からそれらを予防・管理する重要性が認識され、成人病、老人病の克服が課題となった。脳卒中は脳血管の異常によって起こる病気で、脳出血、脳梗塞（脳軟化症といわれていた）、くも膜下出血、一過性脳虚血発作などがその中に含まれ、脳出血が日本人では最も頻度の高い病型とされてきた。世界各国の死因統計の中で日本の脳出血の頻度は非常に高く、脳梗塞の十倍以上になっていた。このことが世界の専門家の注目を集め、日本の医師の死亡診断書の正確さが疑問視されていた。

脳神経疾患の専門家であった筆者の先代の九州大学病院第二内科の勝木司馬之助教授は、この疑問を解決するためには地域の一般住民についての入念な調査が必要で、久山町がその目的に最も適した地域であろうと判断された。当時、脳卒中患者は絶対安静が必要で、発症した場所で治療すべきで、病院への移送は禁忌とされていたので、大学病院などで急性期の脳卒中を診療する機会はほとんど皆無だった。

久山町は大学病院からの距離が近く、詳細な調査研究を行うための人口のサイズが適当であり、性別・年齢層別の人口分布も日本全体の平均に非常に近い。また、江口浩平町長はじめ河邉シカノ保健師、役場のスタッフも健康事業に関心が深く、町内の四名の開業医全員もこの仕事に賛成で積極的な協力姿勢を示されるなど、好条件が揃っていた。我々の内科にも脳神経疾患と血圧を中心にした循環器疾患の研究室のスタッフが揃っていたので、健診とその後の追跡調査も十分可能であった。生活習慣などについての問診をはじめ、身長・体重、血圧測定や心臓血管系の検査、血液と尿の検査、診察などをすべての受診者について行い、その全員についてその後の経過を観察することにした。

健診は助教授以下の全教室員と研究補助員が当番を決めて、初期には河邉保健師の案内で、農繁期を避け久山町七地区の公民館を巡回して行った。

■追跡・予後調査

昭和三十六年四月から数カ月かけて四十歳以上の男女住民約一八〇〇名の九〇%以上を対象に初回の健診を済ませて登録し、同年十月から追跡調査を開始した。

追跡調査には専念する人員が必要なため、循環器研究室から独立した廣田安夫講師を主任とする久山町研究室ができた。四名の町内開業医ともよく連絡を取り、昼夜を問わずこの研究室の医師が交代で久山町を訪問した。当番の医師は何時でも連絡が受けられるように大学病院内と自宅に待機してその役割を果たした。

年月の経過とともに対象者は高齢化するので、十年ないし十数年おきに、新たに四十歳以上となった住民をそれまでの集団に順次加えて健診、追跡した。

一九六一年、一九七四年、一九八八年、二〇〇二年設定の集団をそれぞれ第一、第二、第三、第四集団としているが、高齢者人口の増加により第四集団は第一集団の約二倍となった。

予後調査は健診受診後の生死、発病と死因の調査が含まれる。そのために開業医と久山町研究室スタッフとの役割分担が最初に決められた。大学のスタッフは、健診は行うが病気の治療には関与せず、開業医からの要請があればそれに応える、という取り決めである。大学病院での診療は開業医からの紹介があった場合に限って行うことにした。大学病院が開業医の仕事を邪魔しないための約束で、研究を長続きさせるためである。急病人の場合もまず開業医が対応し、研究室の当番医は連絡をもらって昼夜を問わずタクシーで町に出かけてそれに加わった。連絡がない場合でも週一回は当番医が開業医を訪ねて常時連絡を取っていた。死亡者が出た場合にも両者が立ち会い、死因確認のためのカンファランスを大学の医局内で勝木教授参加のもとで行っていた。

死因の確認がこの研究で最も重要であったから、もし可能であれば遺体を剖検させてもらえないだろうか、というのが研究者側の率直な希望だった。脳内病変をＣＴやＭＲＩ検査などの画像で確認できるようになったのは研究開始から十年以上後のことで、脳内の病変を確認する方法がそれまではなかったからである。しかし、このような研究は世界に前例がなく、容易にできることではないことは研究者側もよく分かっていた。

■剖検に同意が得られるまで

本研究は遺体の剖検を当初から念頭に置いて計画されたものではなく、大学には米国の脳神経領域専門医の有資格者・荒木淑郎講師（のちの熊本大学医学部教授）も我々と机を並べて勉強していたので、死亡診断書の病名決定には彼の意見も聴取することにしていた。しかし剖検所見以上に確実な診断法はないので、久山町研究室主任の廣田安夫講師らは何とかして遺族の同意が得られないものかと非常な努力を重ね、三年後からそれが報われた。死亡者の剖検率は一年目一三・四％、二年後五一・八％、三年後に一〇〇％となり、その後も高い剖検率が維持されている。これが本研究が世界的に高い評価を得ている所以である。

剖検率は医療を行う側と受ける側（病者とその家族）の信頼関係と臨床医学に対する両者の熱意の指標ともされてきた。かつては内科学会専門医の資格をとるための研修病院の資格として剖検率五〇％以上が要求されていた。近年は画像診断の進歩の影響などもあって、国内だけでなく世界各地で各病院の剖検率は著明に低下している。

剖検を依頼した当初は「大学は我々住民をモルモットと考えているのか」、「老年者の死亡を待っているのか」、「健診開始の時になぜその話が出なかったのか」など、疑問と反対の声も強かったが、研究者側の熱意が住民にも通じて、その希望が可能になった。医学の進歩に寄与するという住民の深い理解がなくては到底実現不可能なことであった。

江口浩平初代町長の呼びかけで、健診開始二年後に「九大の久山町研究に協力する」という目的で「健康増進クラブ」ができ、町長夫妻が死亡後の剖検を承諾するという同意書の第一号、二号として署名されたことも忘れることができない。老人会や町の代表者もそれに同意されるようになった。町内の安楽寺の亀井恵達住職が親鸞聖人の言行録にある「親鸞閉眼せば賀茂川に入れて魚にあたうべし」の句を引用し、遺体の剖検は成仏の妨げとはならないことを説教されたことも、住民の意識に大きな影響を与えた。

　健診を行う側も、住民を診せてもらっているという意識を常に持って対応してきた。

久山町の視察に訪れたNIH（米国国立衛生研究所）の担当者

■研究継続の経済的支援

　研究開始後一年間（一九六一年）は大学の研究費、二年目（一九六二年）以後の七年間は米国の国立衛生研究所（ＮＩＨ）の「脳卒中に関する日米共同研究」のテーマで米国ミネソタ大学の神経内科教室（主任：Ａ・Ｂ・ベイカー教授）と九大医学部第二内科教室（主任：勝木司馬之助教授）の共同研究のための研究資金、その後は久山町の研究補助と大学の研究費、最近の約十年間（二〇〇五年以降）は、それに加えて久山生活習慣病研究所という法人組織を設立して研究支援を行っている。

　本研究の基盤が作られた初期の七年間に米国ＮＩＨの支援による日米共同研究のための研究費の役割が非常に大きかったことが忘れられない。年額二万八〇〇〇～四万一〇〇〇ドル、通常の日本の研究費に比べて遙かに高額だった。人件費（無給医師と研究補助員用）、交通費（タクシー代）、消耗品代、開業医の協力への謝礼、剖検に要する費用などのすべてを十分に賄うことができた。申請時の研究内容の審査は厳しかったが、承認されると申請の全額、時にはそれに一〇％位を加算して間接経費として支給されたこともあった。これが打ち切られたのは、文部省（現文部科学省）の指令で、国立大学は外国からの研究支援を受けることが禁止になったからである。研究の成果が特許に結びつくことになれば、その権利が外国のものになるからということだったようである。

筆者が十年後に勝木教授からバトンタッチを受け、多額の費用が必要なこの疫学研究を続けられるか否かに悩んでいたところ、就任直後に、久山町の第二代町長・小早川新氏が町会議員とともに教授室に来られ、「久山町の健診事業は是非続けてもらいたい。健診の費用は町が全額負担しますから」とのことであった。「どの事業でもトップが代われば仕事の内容が変わることがよくあるので、続行の意志確認のため参上したのです」と言われた。この仕事の初期の目的は十年間で完全に達成されていたが、死亡者の遺体はずっと剖検されてきたので、脳卒中に限らず癌などすべての病気の実態も明らかになりつつあった。私は当然続行すべきだと考えていたので、この小早川町長らの来訪が如何に有難かったか、その感激を今も忘れることができない。これが、本研究が久山町と九大第二内科の共同研究であることの真の姿である。

■主な研究内容

久山町住民の脳卒中死亡の頻度は全死亡の約四分の一で、日本人全体の死因統計の頻度とほとんど差がなかった。しかし脳出血は日本の死因統計よりも少なく、脳梗塞の多いことがよく分かった。剖検例が増加するとともにこれが明らかになり、国内の学会や、当時世界で最もレベルの高かった米国のプリンストン脳卒中研究会からも招請を受けて報告し、参加者の賛同を得た。昭和四十五年の第六十七回日本内科学会（福岡市開催）の会長であった勝木教授は、会長講演の演題を「久山町研究」として成果を発表された。その後の日本人医師の死亡診断書の内容には、久山町のデータが影響を及ぼしたといわれている。

死亡診断書の信頼性のチェック、老年者の死因と老衰死の解釈、半世紀間の生活様式と医療環境の変化が病気の発病と死亡に及ぼす影響、一般住民と病院受診例の疾病の相違、突然死の時代的推移、臨床検査の正常値の考え方、健康の定義をどうすべきかなど、臨床医学上の多くの課題がその中に含まれている。近年は高齢化と糖尿病の増加が著明で、精神障害（特に認知症）の増加とその内容の変化も注目すべき重要な課題になっている。

本研究は内科系各分野の研究者だけでなく、病理学教室との共同研究として続けられているので、脳卒中や心臓血管系だけでなく悪性腫瘍（癌）などに関しても、一般の死因統計にみられる報告とは異なり、生前の正診率は脳卒中などよりかなり低い実態も明らかになっている。病理学教室との共同研究では、脳卒中や心臓血管病に深く関わる動脈硬化症の実態とその促進因子、それらと腎臓機能との関連なども研究されてきた。

「久山町の風景」。久山町健診50周年記念に歴代研究者より久山町へ寄贈された写真織（博多織）

研究継続の基盤

筆者は『久山町研究五十年のあゆみ』のなかで、本研究は「天の時は地の利に如かず。地の利は人の和に如かず」の実態を示すものであると書いたが、その考えは少しも変わっていない。本研究は予測していなかった長期間の継続と研究内容の発展を可能にしてきた。「為せば成る、為さねば成らぬ何事も、成らぬは人の為さぬなりけり」という言葉も頭に浮ぶ。この研究に関与してきたすべての職域の人々の善意の結集を神が後押ししてくれたのではないかとの思いにも駆られる。その意味においては、医師や保健師などの修練の場として格好の場所が提供されてきたのではないかと思う。「久山町研究室の人は優しい」という言葉を何度か聞いているのは、そのことを表しているのだと思う。

本研究は、九州大学教授は六代、久山町長は五代、久山町研究室主任は五代、保健師の代表四代、受診者の側は研究開始時最年少の四十歳の住民もすでに九十歳を超え、対象者の大部分はすでに世代交代をしている。生活環境もこの間に大きく変わったが、研究の理念は少しも変わっていない。今やこの研究は九州大学の代表的研究として広く国内外に評価され、学会や健康事業の従事者、マスメディアからも注目されるようになっている。各分野の研究室のメンバーも増え、国や社会からの支援も受けやすくなってきた。

今後の期待と展望

これまでの医学の多くの部分は、病院受診者についての診断と治療法の開発を目標に進歩してきた。病院未受診者についての情報は、必ずしも十分に把握されているとは言い難い。職場や保健所などの健診は普及しているが、健診後の予後調査は必ずしも十分ではない。病院受診例のデータをもとに書かれている従来の多くの教科書や文献の記述は、一般地域住民の実態と合致しない場合が少なくない。

本研究開始の初期には、日本人の糖尿病の死因では腎死の頻度が高く、一〇〜二〇%がそれで、それが日本人の特徴的な姿ではないかともいわれていたが、それは久山町住民の糖尿病の実態とは著しく異なっていた。また高血圧の一〇%あるいはそれ以上は二次性高血圧であるなどといわれていたが、病院受診例には中等症以上の症例が多いからで、これも久山町の一般住民には全く当てはまらなかった。さらに生活習慣病の代表である糖尿病や高血圧の診断基準は現在のままで良いのかどうかという率直な疑問も生じてきた。

多くの人が属する集団の値を正常とするならば、平均年齢付近で死亡するのが正常なのか。それらは調査する集団によって一様でなく、また時代によっても異なってくることがあるだろう。医学上のこれらの問題を論ずるには疫学調査、あるいは疫学研究が母体にならねばならない。断面調査だけでなく、精度の高い追跡調査が是非必要である。久山町研究の対象者はすでに随分代がわりをしているが、次世代あるいは次々世代の住民の疾病構造の推移を知ることができるので、今後一層の発展が期待できると思う。

米国では医学部と並んで公衆衛生学部が設立されているが、日本では公衆衛生学の重要性がそれほど高く認識されているとは言い難い。久山町研究は臨床医の行っている公衆衛生学ともいえるので、世界的にみても先駆的な役割を持つ研究である。高齢化の著明な日本では、健康管理は病院だけでなく、地域全体でその役割を担う必要がある。健康を町政の柱としてきた久山町の意義は今後ますます大きくなるに違いない。今後は生死の分岐点となる寿命よりも、健康寿命の延長を目標にする健康管理がますます重要になるだろう。健康寿命とは、自分のことは自力でできる時点までの寿命のことである。

医療の経済効果の評価も、今後一層重要な課題となるだろう。この点についても本研究の重要な課題である。健康保持における遺伝子の役割についても、今後一層の知見が開発されることが期待される。

1

久山町研究の成果と今後の課題

久山町ヘルスC&Cセンター長
公益社団法人久山生活習慣病研究所代表理事
前九州大学大学院医学研究院環境医学分野教授
清原　裕

はじめに

一九五〇年代、日本の脳卒中、とくに脳出血死亡率は世界でもっとも高かった（図1）。このデータをまとめた米国の疫学者ゴールドバーグとカーランドは、日本人に脳出血死が多いのは環境の差だけではなく、日本人医師が死亡統計のもととなる死亡診断書を記載する際に、別の疾患を脳出血と診断する慣習があるのではないかと指摘した。当時は一般社会における脳卒中の実態やその予防法がほとんどわかっていなかった時代で、この米国の疫学者の見解が正しいのかどうかを検証するデータも存在していなかった。そこで、地域社会における脳卒中の実態を明らかにすることを目的として、一九六一年に始まったのが久山町研究である。久山町研究のもう一つの目的は、健診事業を通じて脳卒中をはじめとする日本人の心血管病の要因を明らかにし、それを疾病の予防につなぐことにあった。

■図１　脳血管疾患の平均年間死亡率の国際比較
（33カ国、1951－58年、年齢調整）

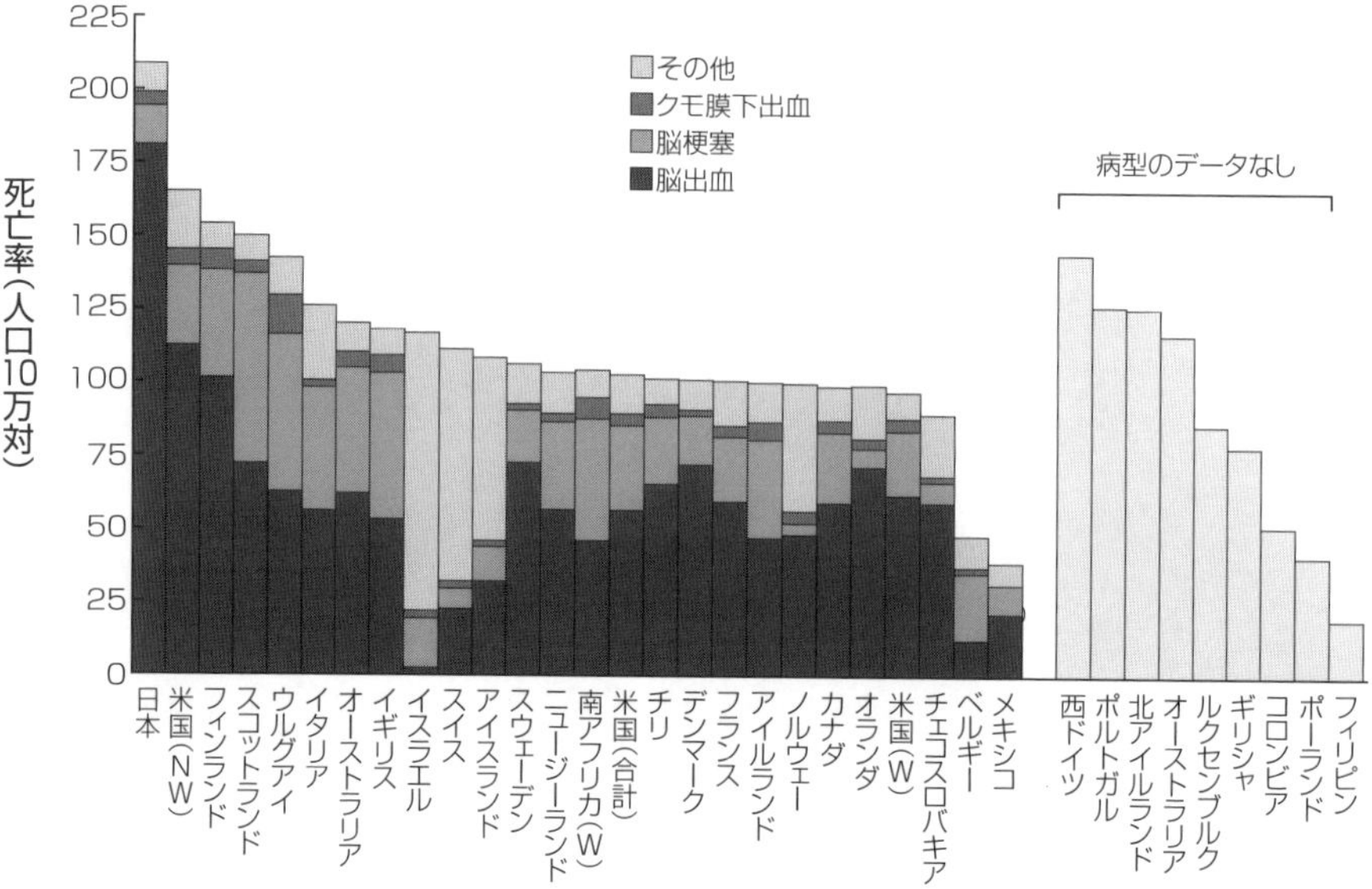

この久山町での取り組みが今年で五十六年目を迎えた。この間、久山町研究の成果は町民の疾病予防と健康増進のみならず、わが国の脳卒中対策に大きな影響を与え、日本人の脳卒中減少に多大な貢献をした。本稿では、久山町における健診事業と久山町研究の成果を紹介するとともに、町民の方々の健康状態の現状や今後の課題にふれる。

ひさやま方式の健康管理のしくみ

久山町の健診事業と久山町研究の基盤には、「ひさやま方式」と呼ばれる他に類をみない独特な健康管理のしくみがある。これは九州大学を中心とした研究スタッフ、町の健康福祉課、開業医の先生方の間に作られた、町民の方々の健康管理システムである（図２）。大学スタッフは健康福祉課とともに健診、医療相談を行い、

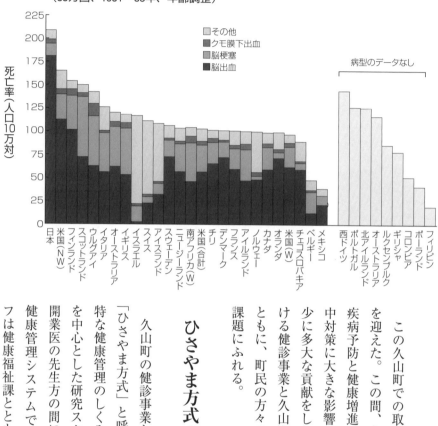

健康福祉課は住民の健康指導を実施する。診療は原則として開業医の先生方が担当し、大学側はそのサポート役に回って開業医の先生方のお手伝いをする。そして、入院治療などさらなる医療が必要な場合は、九州大学病院を含めた医療機関での医療が受けられるように支援する。大学スタッフは、このシステムを通じて五十年以上前から町民の方々にセカンドオピニオンを提供してきたといえる。この健康管理のしくみは、医療に対する信頼と安心感を町民の皆さんにもたらしてきたと考えられる。このシステムがこれまで半世紀にわたり有効に機能・維持してきたのは、その基盤に三者の信頼関係と、お互いを尊重する心があったからである。

■図2　ひさやま方式の健康管理のしくみ

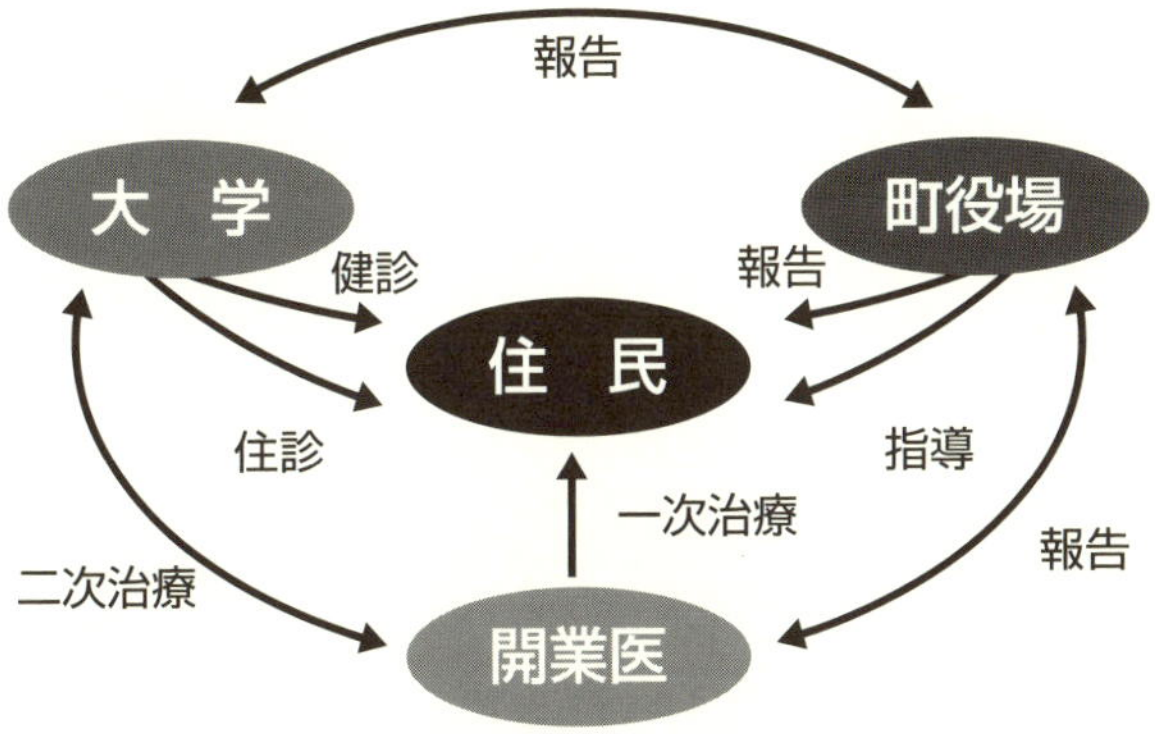

久山町の健診事業と久山町研究の関係

久山町の健診事業と久山町研究は、九州大学と久山町が一心同体となって五十年以上にわたり推進してきた壮大なプロジェクトであり、この二つは切っても切れない関係にある（図3）。この二つが交わる中核の部分に、先ほど述べた「ひさやま方式」の健康管理のしくみがあり、ここで町当局の方々、開業医の先生方、大学のスタッフが力を合わせ、健診、医療・医療相談、追跡調査、剖検などを推進してきた。ここでの共同作業で生まれた成果を活

■図３　久山町健診事業・久山町研究の概要図

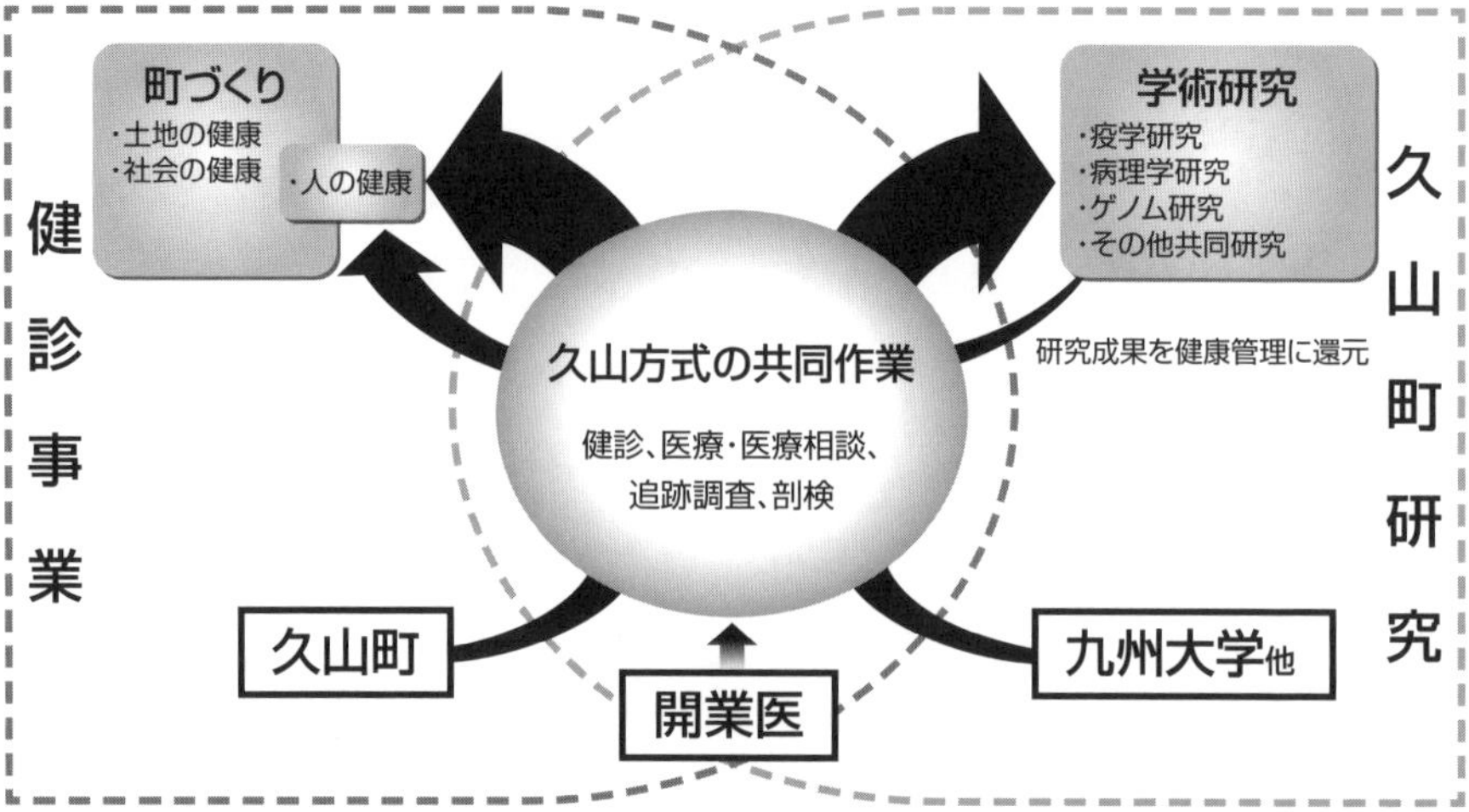

用する方法、役割に大学と町では若干の違いがある。大学のおもな役割は、その成果を活かして学術研究を推進することにある。それは病態機能内科学（旧第二内科）をはじめとする九州大学の臨床系の教室や中村学園大学、健康科学センターの疫学研究であり、基礎系の病理学研究やゲノム研究であり、他の研究組織との共同研究などである。「久山方式の共同作業」とこの「学術研究」を併せたものが「久山町研究」である。したがって、久山町研究の根幹にある「久山方式の共同作業」に参加して下さっている町の方々や地元の開業医の先生方も、この研究の当事者といえる。さらに、久山町研究の成果を活かした健診や健康指導を行い、町の健康福祉課の方々といっしょに町民の健康づくりを推進することが、大学側のもう一つの重要な役割である。

一方、久山町は、「久山方式の共同作業」の成果を活用して、住民の健康管理と増進を図り、さらにそれを町づくりに活かすことがその役割である。久山町は「健康」をキーワードとして、「人間の健康、国土の健康、社会の健康」を町づくりの基本理念としている。健診事業を通じて住民の方々の疾病の早期発見・治療と健康増進を図るとともに、市街化調整区域を設定して環境を守り、緑豊かな自然を残してきた。また、子どもの情操教育に力を入れるとともに、住民どうしのつながり、地域社会のまとまりを大切にしてきたことは周知のとおりである。極めてユニークな町づくり、社会づくりであり、ここには高度経済成長によって現代人が失いつつある古き良き日本人の心が残されているのではないだろうか。このような土地政策を含めた一連の社会づくりから育まれた心豊かな町民の方々に支えられて、久山町での私たちの取り組みは五十年以上にわたり継続・発展することができたといえよう。久山町の健診事業と久山町研究はお互いによい影響を与えながら、二人三脚で発展してきた。

久山町の一斉健診と追跡集団

久山町では、一九六一年の研究開始から最初は二年ごと、一九七四年から五年ごとに四十歳以上の全町民を対象にした一斉健診を行っている（図4）。久山町研究では一九六一年、一九七四年、一九八三年、一九九三年、二〇〇二年、二〇一二年に行われた一斉健診を受診した四十歳以上の町民をそれぞれ一九六〇年代、一九七〇年代、一九八〇年代、一九九〇年代、二〇〇〇年代、二〇一〇年代を代表する集団としている。また一九六一年、一九七四年、一九八八年、二〇〇二年の集団をそれぞれ第一、第二、第三、第四集団とも呼んでいる。この一斉健診ではつねに八〇％以上の受診率を達成することを目標としているが、それは受診率が高くないとさまざまな疾病の頻度を正しく把握できないからである。私た

■図4　久山町研究の集団

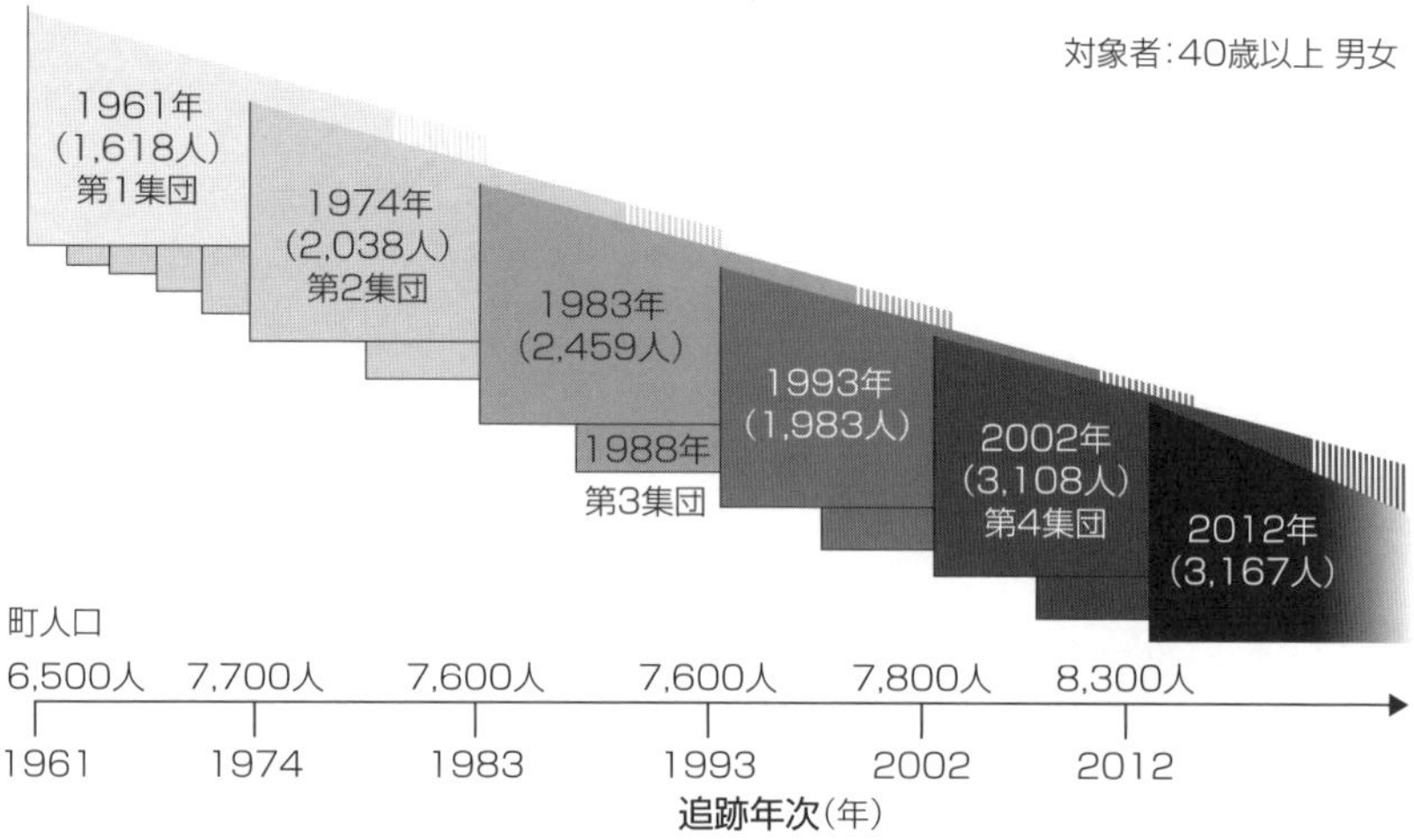

ちは、高い受診率で疾病の頻度とその動向を正確に把握することを通じて町民の健康問題を明らかにし、それに対処することで町民の疾病予防と健康増進を図ってきた。このような高い受診率の健診を繰り返し行っている自治体は、少なくとも日本には久山町をのぞいて存在しない。

久山町民の健康レベル――全国との比較

久山町民の健康状態の時代的推移は他の地域と違いがあるのであろうか。この問題を検証するためには、久山町と他の地域で疾病の頻度を比べる必要があるが、久山町のように住民の健康レベルを詳細に調べている地域・場所がわが国はおろか世界的にみてもほとんどないため、この答えを得るのは意外と難しいのが現実である。唯一、死亡率の精度はどの地域でもほとんど変わらないので、一九六〇年代～二〇〇〇年代における久山町の死因別死亡率（年間に人口千人当たり何人死亡するか）と日本の死亡統計のデータを比較した。いずれも四十歳以上のデ

■図５　久山町と全国の脳卒中死亡率の時代的推移（40歳以上、年齢調整）

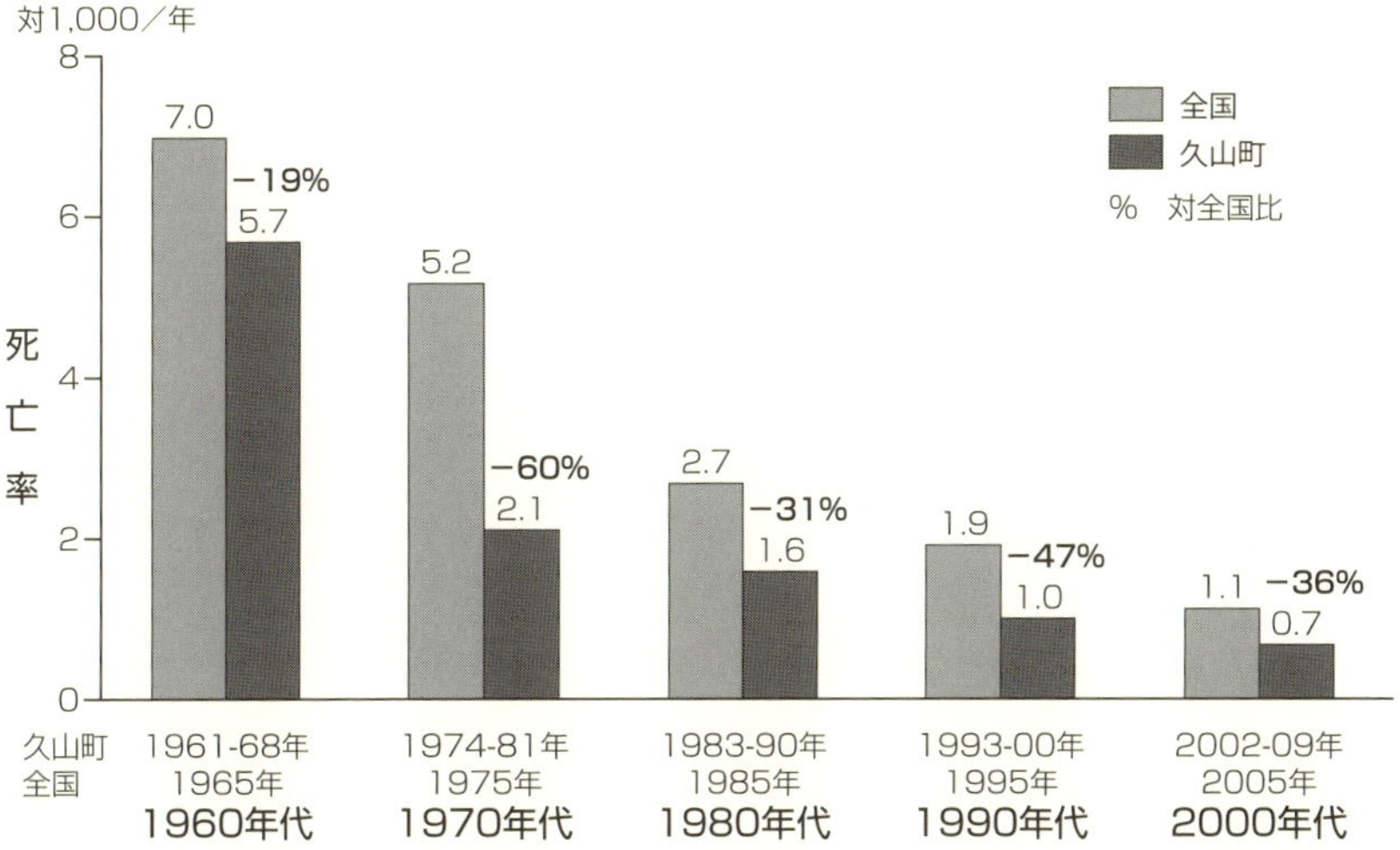

■図６　久山町と全国の心疾患死亡率の時代的推移（40歳以上、年齢調整）

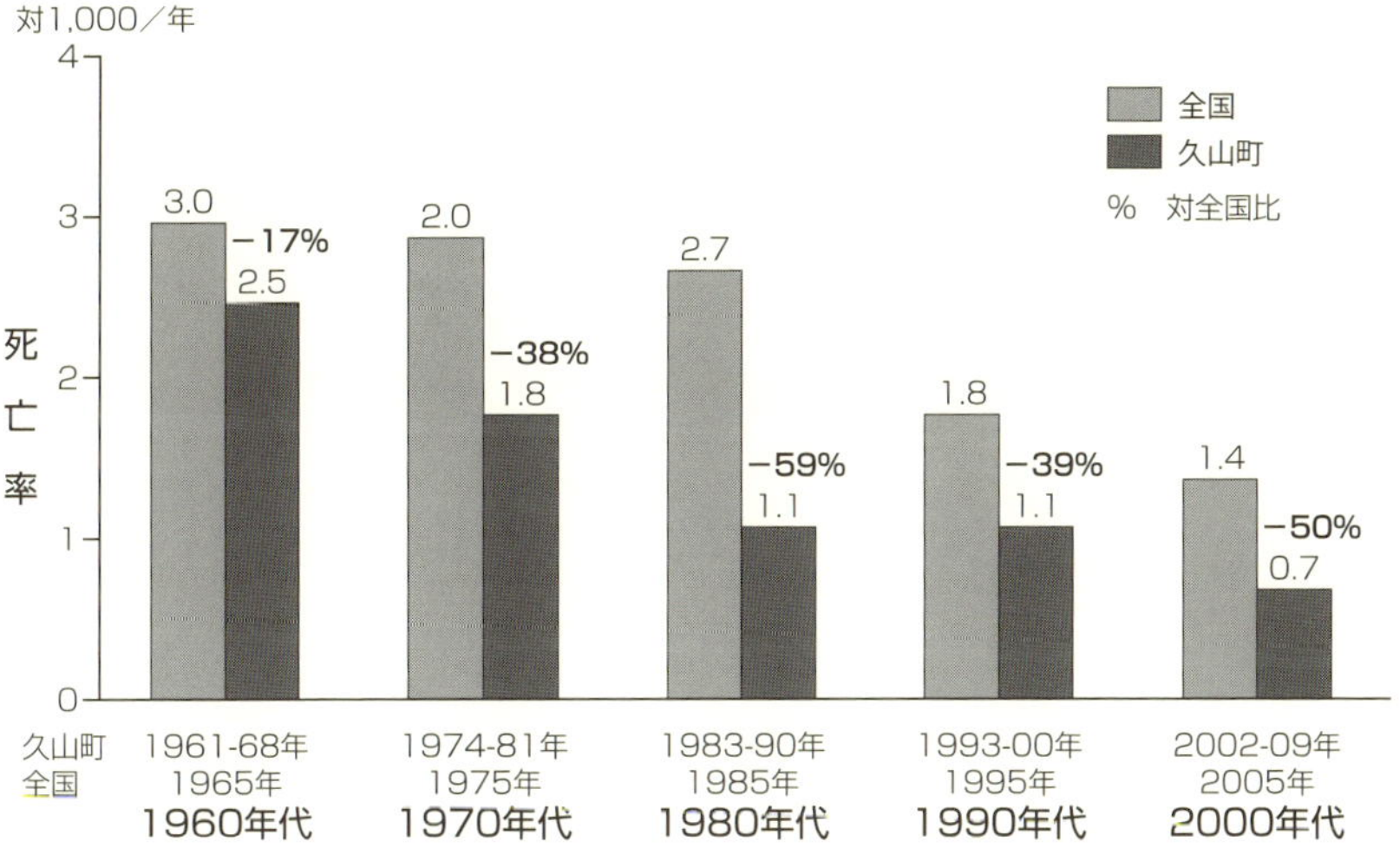

ータを用いて、統計学的に年齢調整して久山町も全国も、またどの時代の集団も同じ年齢構成という条件のもとで比較している。

その結果、久山町も全国も脳卒中死亡率は時代とともに低下しているが、久山町の一九六〇年代の死亡率は全国平均に比べて一九％低く、すでに健診の予防効果が表れていることがうかがえる（図5）。その後、一九七〇年代には久山町の脳卒中死亡率は全国平均より六〇％も低くなり、二〇〇〇年代になってもその差は三六％と大きな開きがある。心疾患死亡率にも同様の現象が認められ、二〇〇〇年代の久山町の死亡率は全国平均の半分である（図6）。そのほか、全国と比べて久山町のがん死亡率は一八％、その他の死因による死亡率は一九％低いレベルにあった。つまり、現在久山町では三大死因である脳卒中、心疾患、がんを含むすべての死因別死亡率が全国より一八〜五〇％低い。見方を変えれば、久山町民の死亡率は一般の日本人より十〜二十年先行して低下していることになる。五十年以上にわたる取り組みが大きな成果をあげているといえよう。

久山町における心血管病発症率の時代的変化

死亡統計は死に至らない軽症の疾病の実態を反映していない。そこで前記の久山町の一九六〇年代から二〇〇〇年代の五集団の追跡調査において、心血管病（脳卒中と心筋梗塞）の発症率（年間に人口千人当たり何人発症するか）を比べて、その動向を検討した。比較が可能なように、統計学的に集団間の年齢構造の違いを調整した（年齢調整）。その結果、脳卒中発症率は男女とも一九六〇年代から一九七

■図7　脳卒中および心筋梗塞発症率の時代的変化
（久山町5集団、追跡各7年、年齢調整）

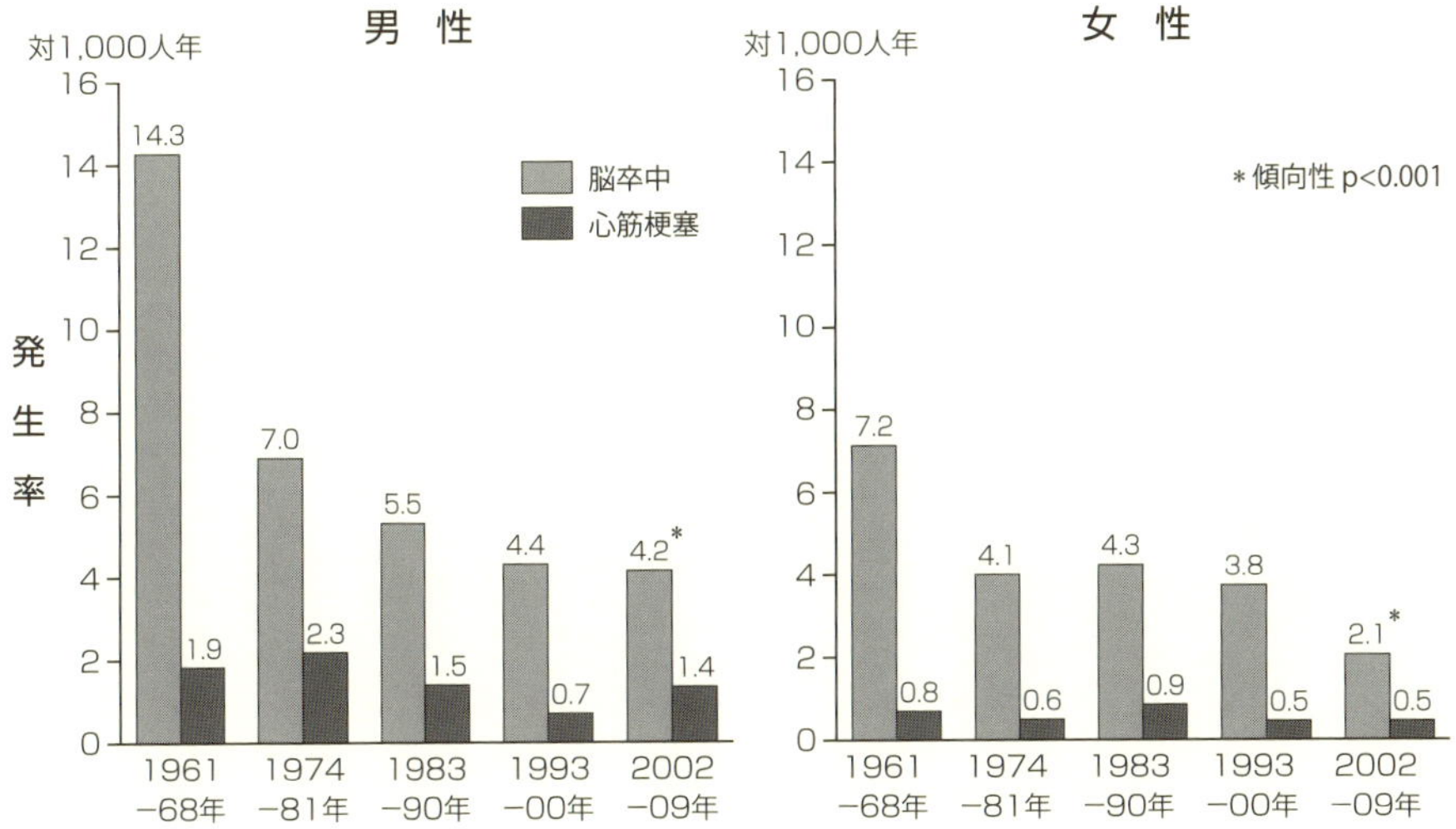

○年代にかけて大きく減少したが、最近ではほとんど減少しなくなった（図7）。一方、心筋梗塞発症率は男女とも時代的変化が認められなかった。一九六〇年代の死因の第一位であった脳卒中の発症率が研究当初大幅に減少したことは喜ぶべきことであるが、最近では脳卒中および心筋梗塞の発症率がともに減少しなくなったことが大きな課題である。

心血管病危険因子の時代的変化

このような久山町における心血管病の時代的変化は、その危険因子が時代とともに変動していることによってもたらされたと考えられる。そこで、四十歳以上の久山町民の健診成績を比較して、心血管病の危険因子の時代的推移を検討した。

■高血圧

高血圧は動脈硬化の最強の危険因子といわれてい

■図8　高血圧頻度の時代的推移
（久山町6集団の断面調査、40歳以上、年齢調整）

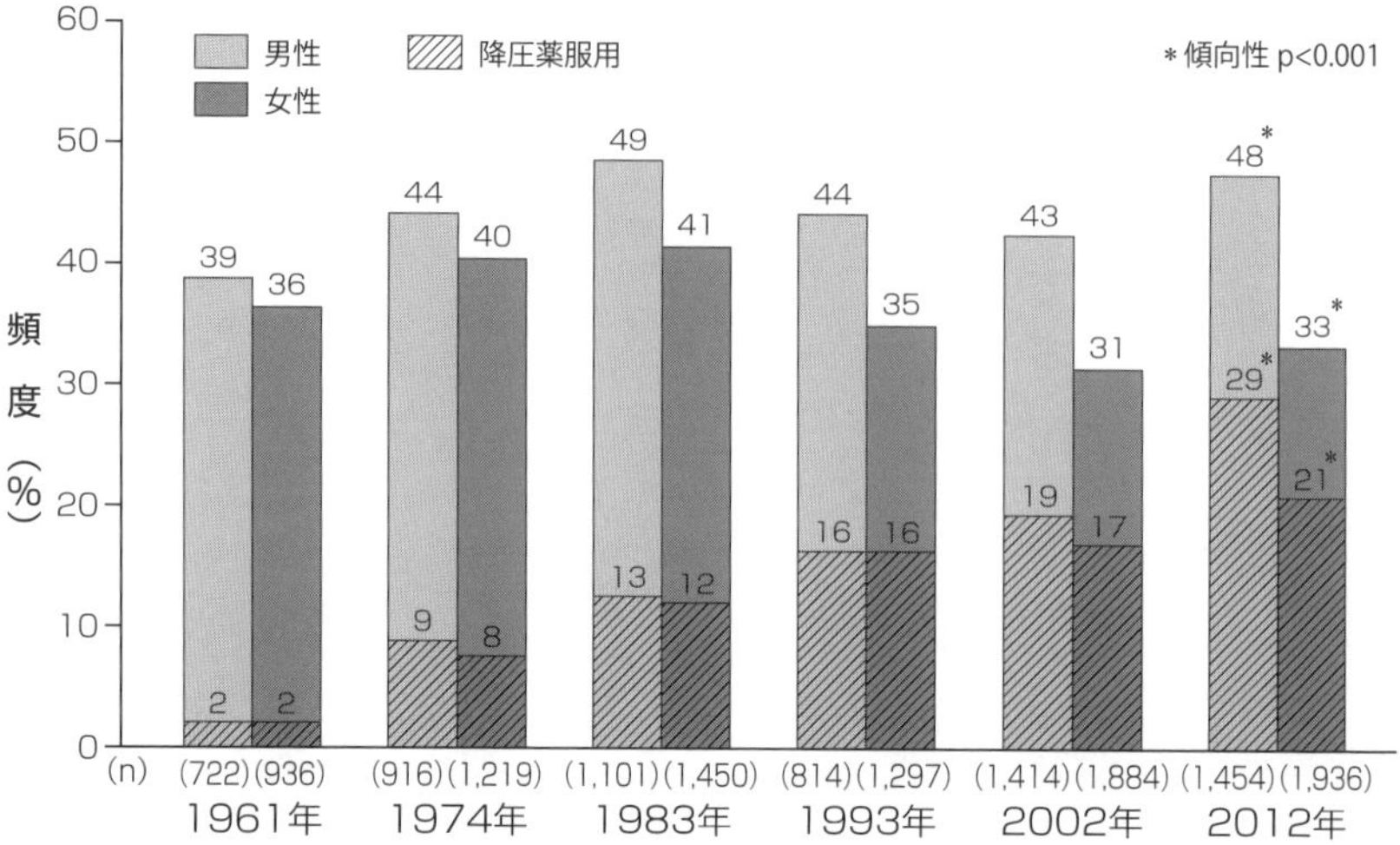

高血圧：血圧≧140／90mmHg または降圧薬服用

る。高血圧を収縮期血圧（上の血圧）一四〇mmHg以上または拡張期血圧（下の血圧）九〇mmHg以上または降圧薬服用と定義してその頻度をみると、男女とも一九六一年から二〇一二年にかけてほとんど変化はなかった（図8）。一方、降圧薬を服用している町民の割合は、一九六一年では男女とも二%と低いレベルにあったが、その後時代とともに増えて二〇一二年には男性二九%、女性二一%となった。その結果、高血圧を有する町民の血圧値は、男性では一九六一年の一六二／九一mmHgから二〇一二年には一四〇／八四mmHgに、女性ではそれぞれ一六三／八八mmHgから一四一／八一mmHgに大幅に低下した（表1）。つまり、一九六〇年代から二〇一〇年代にかけて、高血圧頻度そのものにはほとんど変化はなかったが、高血圧治療の普及によって高血圧者の血圧レベルが大幅に低下したことがうかがえる。

■表１　高血圧者の血圧値（mmHg）の時代的推移
（久山町６集団の断面調査、40歳以上、年齢調整）

調査年	男性		女性	
	収縮期血圧	拡張期血圧	収縮期血圧	拡張期血圧
1961年	162	90	163	88
1974年	158	90	161	87
1983年	151	91	155	87
1993年	152	87	156	83
2002年	148	88	149	85
2012年	140	84	141	81
傾向性p	<0.001	<0.001	<0.001	<0.001

高血圧：血圧≧140/90mmHg または降圧薬服用

■代謝性疾患

さらに、肥満、高コレステロール血症、糖代謝異常（糖尿病と予備群）など代謝性疾患の頻度の時代的推移を検証した（図９、10）。

肥満（肥満度二五・〇 kg/m² 以上）の頻度は、男性では一九六一年の七％から二〇一二年の三二％にかけて四・六倍に直線的に増えたが、女性では一九六一年の一三％から一九九三年の二六％まで約二倍に上昇したのちに減少に転じている。高コレステロール血症（血清コレステロール値二二〇 mg/dL 以上）の頻度は、男性では一九六一年の三％から一九八三年の二三％まで約八倍に、女性ではそれぞれ七％から三三％まで約五倍に急増したのちは今日までほぼ横ばいである。糖代謝異常の頻度は一九六一年から二〇〇二年にかけて男性は四・五倍、女性は七倍に増えたが、二〇一二年になるといずれも減少傾向となった。

■図9　代謝性疾患の頻度の時代的推移
（久山町6集団の断面調査、40歳以上、男性、年齢調整）

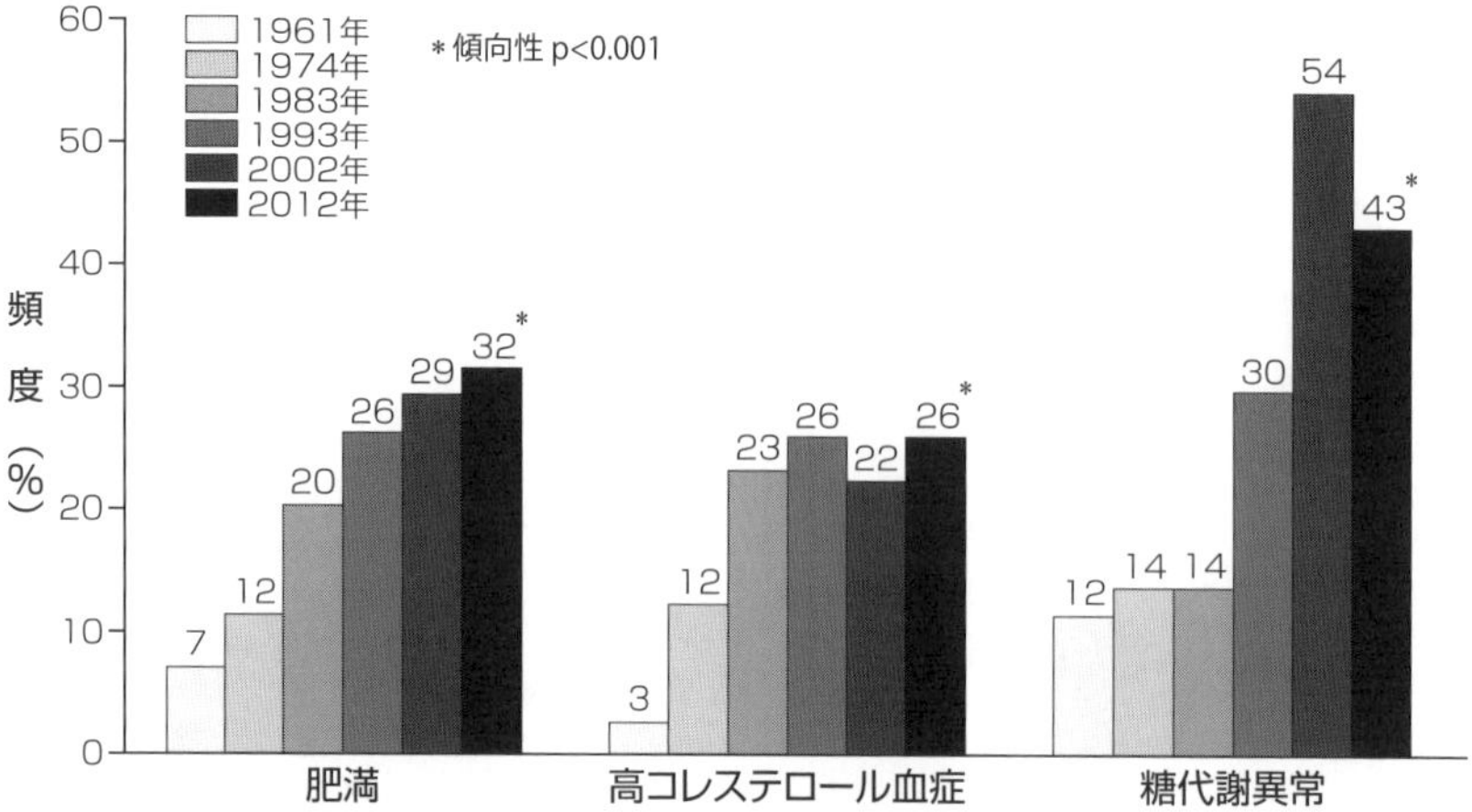

肥満：肥満度≧25.0kg/m²、高コレステロール血症：血清コレステロール≧220mg/dL
糖代謝異常：糖尿病＋予備群

■図10　代謝性疾患の頻度の時代的推移
（久山町6集団の断面調査、40歳以上、女性、年齢調整）

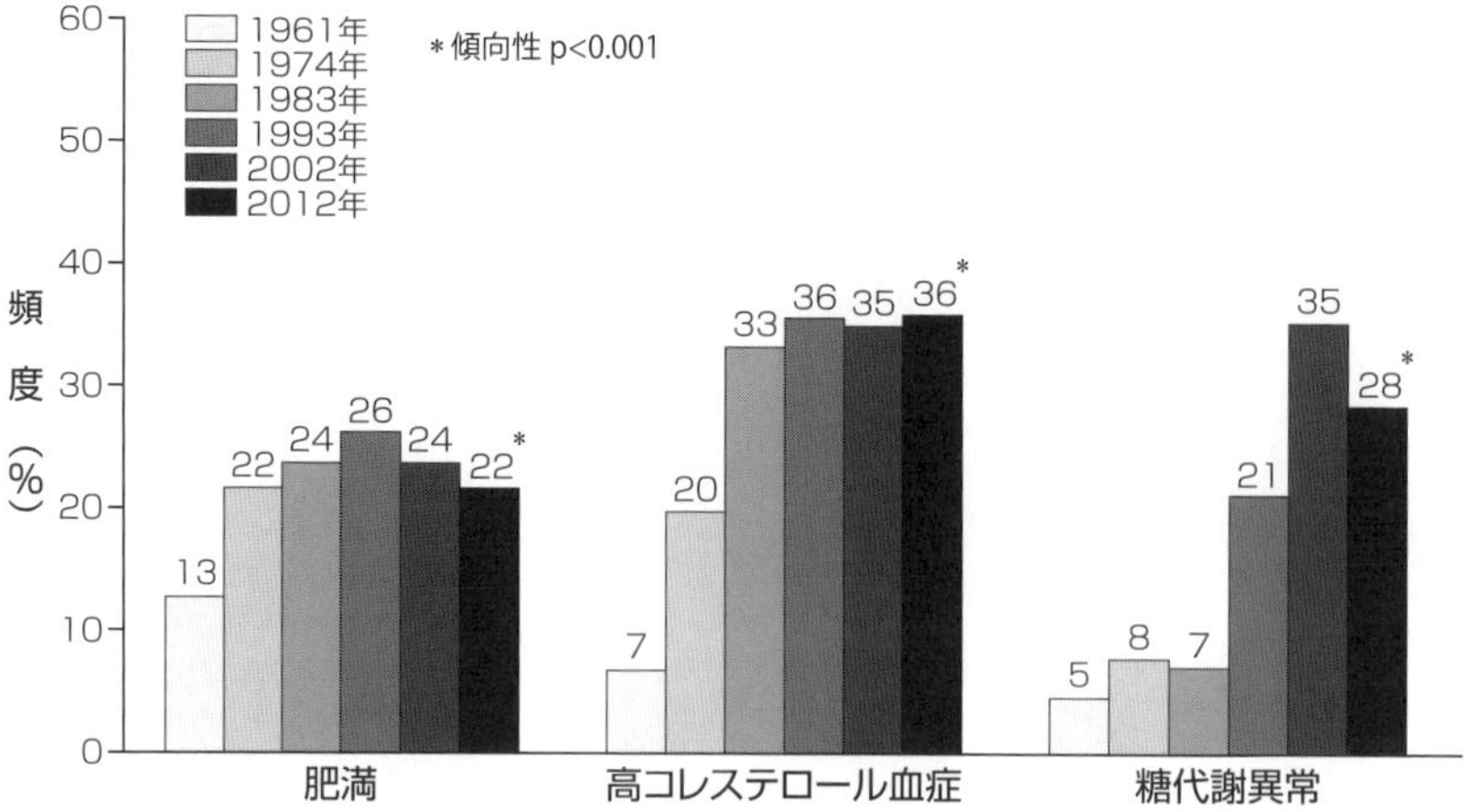

肥満：肥満度≧25.0kg/m²、高コレステロール血症：血清コレステロール≧220mg/dL
糖代謝異常：糖尿病＋予備群

■図11　喫煙頻度の時代的推移
（久山町6集団の断面調査、40歳以上、年齢調整）

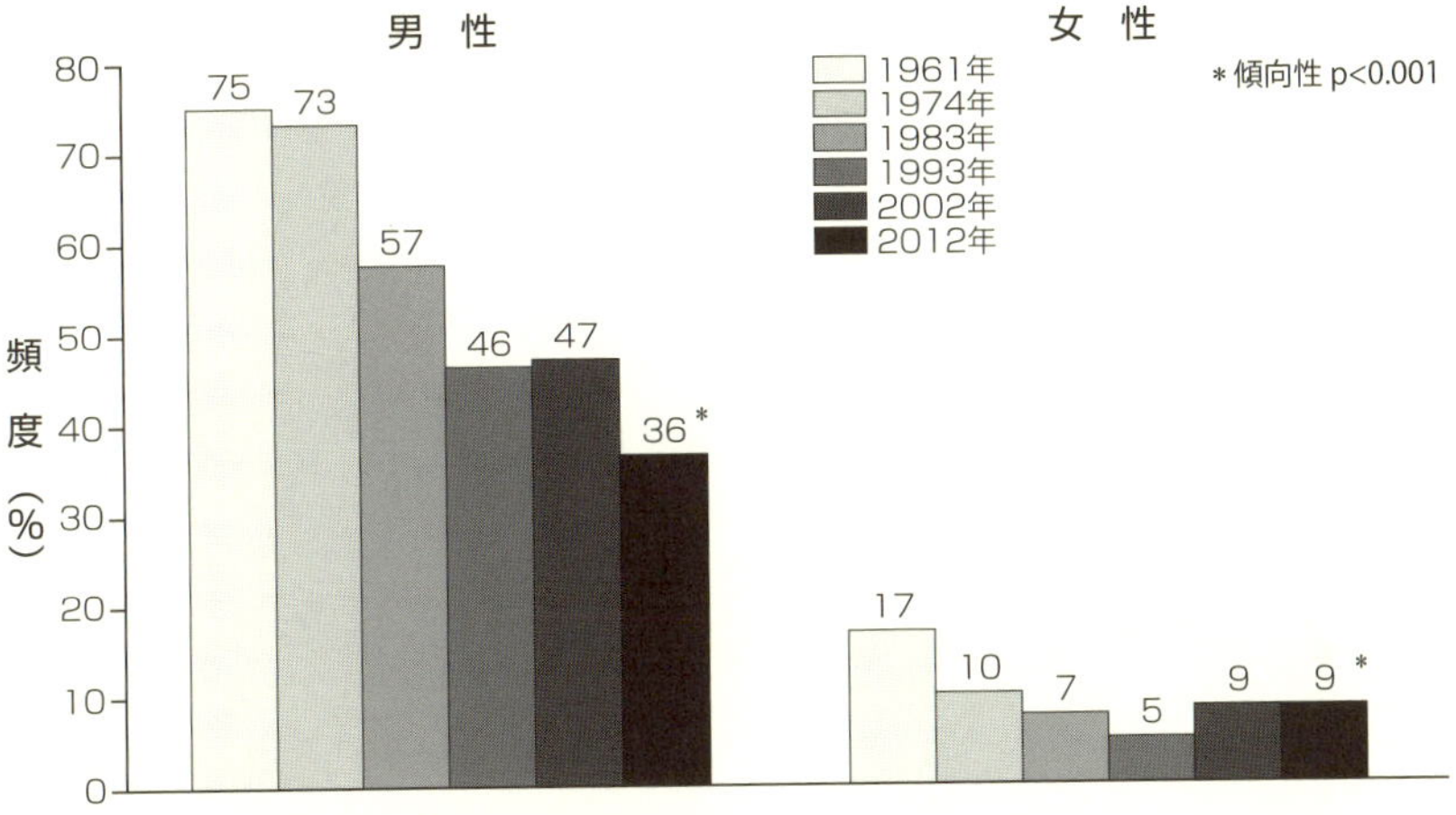

■図12　飲酒頻度の時代的推移
（久山町6集団の断面調査、40歳以上、年齢調整）

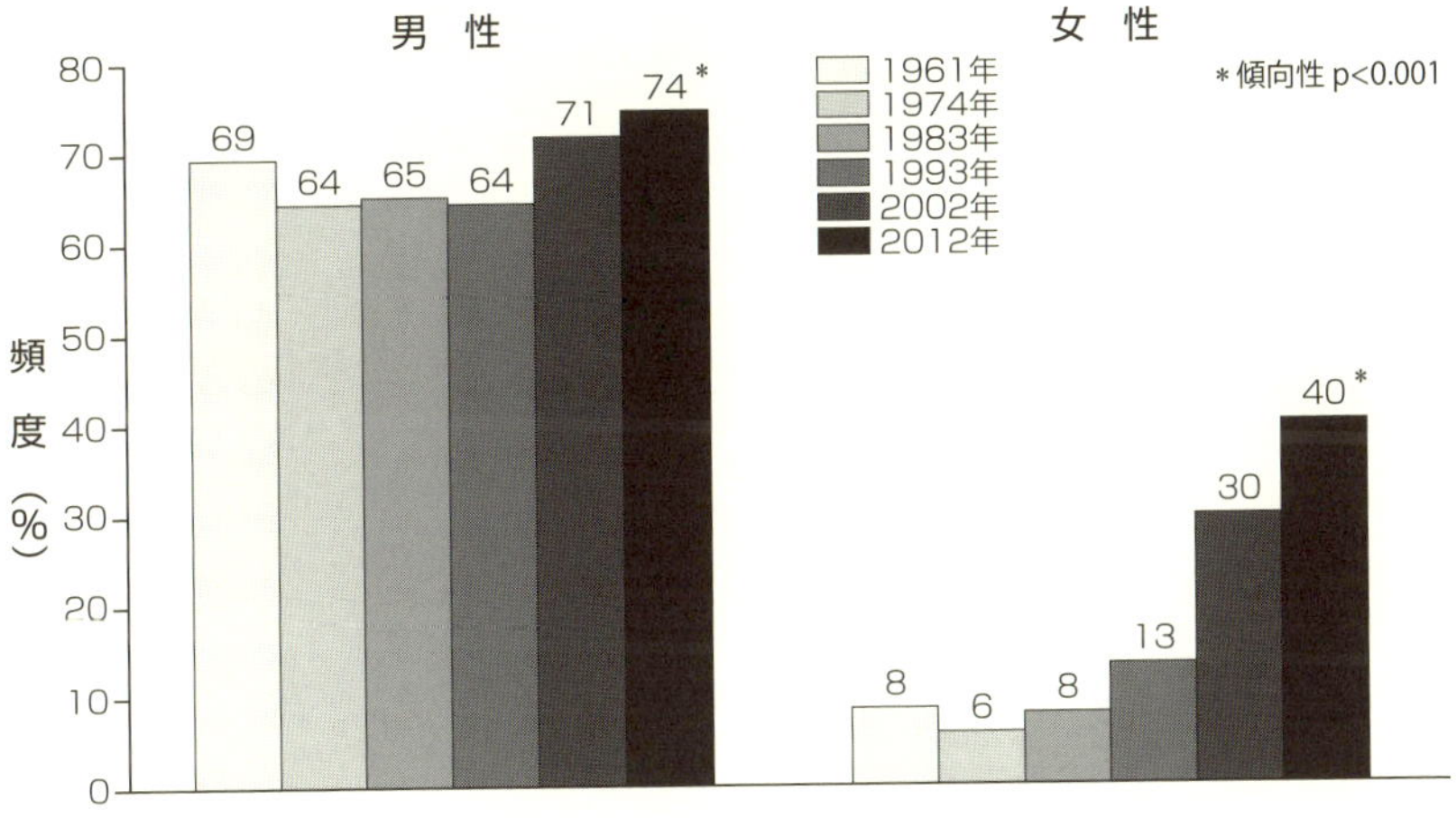

■喫煙・飲酒

男性の喫煙頻度は、一九六一年の七五％から二〇一二年の三六％に、女性における頻度はそれぞれ一七％から九％にいずれも有意に減少した（図11）。男性の飲酒頻度は一九六一年の六九％から一九九三年の六四％まで減少したが、二〇一二年には七四％まで再び上昇した（図12）。この間、女性の飲酒頻度は八％から四〇％に増加した。

以上より、久山町で一九六〇年代から一九七〇年代にかけて脳卒中が減ったのは、高血圧治療が広く普及し喫煙率が低下したことによると考えられる。その反面、肥満、高コレステロール血症（脂質異常症）、糖代謝異常など代謝性疾患が大幅に増えたことが大きな健康問題となりつつあり、近年脳卒中発症率の減少が認められなくなり、心筋梗塞など虚血性心疾患の発症率が減少しなかった大きな原因の一つとなった。しかし、一九八〇年代以降に高コレステロール血症の増加が止まり、二〇一〇年代になり増え続けていた糖代謝異常が減少に転じたことは、今後の心血管病のリスク減少に寄与する要因として注目すべき現象といえる。これからも心血管病とその危険因子の動向を注意深く見守る必要がある。

糖尿病とがんの関係

近年、糖尿病とがんの関係が注目されるようになった。そこで、一九八八年の久山町の一斉健診で七五g経口糖負荷試験を受けた町民の追跡調査（十九年間）において、耐糖能レベルとがんによる死亡リスクとの関係を検討した。その結果、糖尿病のみならず、予備群の空腹時血糖異常（ＩＦＧ、空腹時血

■図13　耐糖能レベル別（WHO 基準）にみたがん死の相対危険度
（久山町第 3 集団2,438名、40－79歳、1988－2007年）

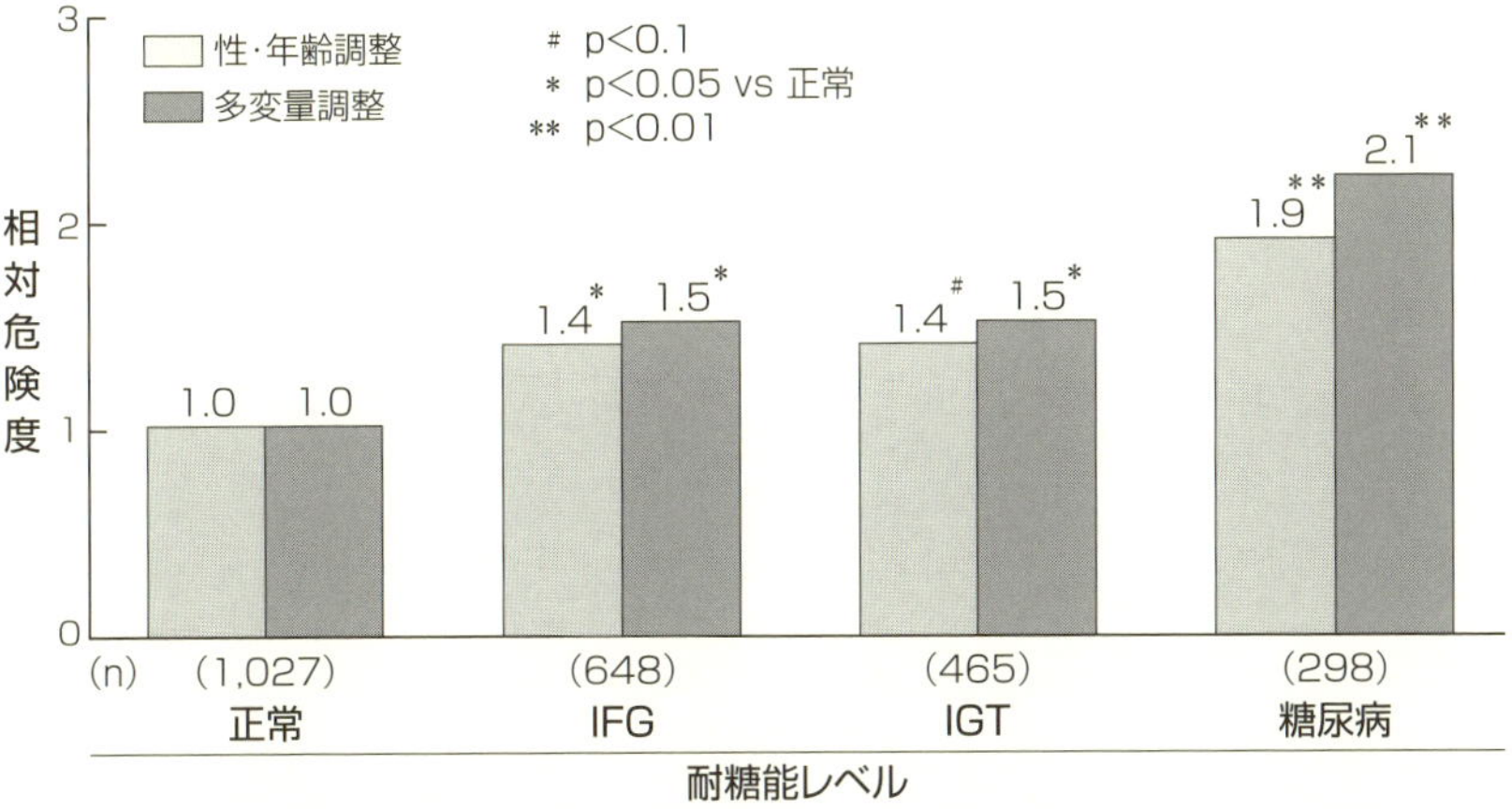

調整因子：年齢、性、肥満度、血清総コレステロール、喫煙、飲酒、癌の家族歴、運動、食事性因子
IFG：空腹時血糖異常、IGT：耐糖能異常

■図14　久山町における認知症の断面調査と追跡調査（65歳以上）

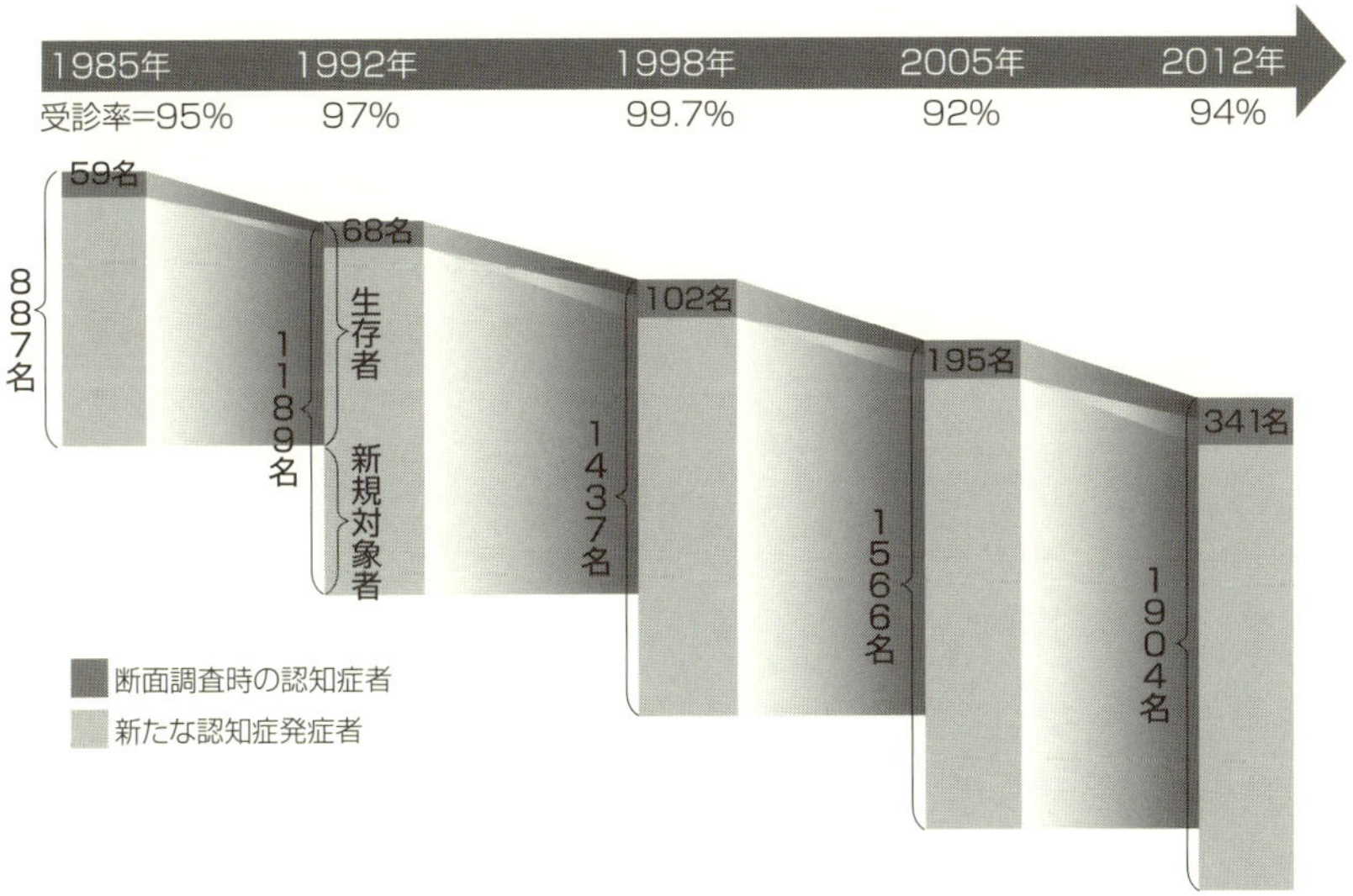

糖値がやや高い）および耐糖能異常（ＩＧＴ、負荷後血糖値がやや高い）でもがんによる死亡リスクが有意に上昇していた（図13）。つまり、現在では糖尿病のみならず軽度の糖代謝異常もがんのリスクを高めるといえる。

認知症の実態調査

久山町では一九八五年から、六十五歳以上の高齢者の健康調査である「高齢者調査」を実施しており、その一環として認知症についても調べている。これまで二〇一二年まで計五回、ほぼ七年間隔で認知症のスクリーニング調査を繰り返し行って、その有病率（人口百人当たりの有病者の割合）の時代的推移を観察した（図14）。そして、スクリーニング調査を受けた町民を追跡して認知症の新規発症例を把握しているが、追跡率は九九％以上と詳細な調査を行っている。この調査は世界で最初に始まった、もっとも精度の高い認知症の疫学研究である。また、わが国で唯一の本格的な認知症の追跡研究でもある。

久山町の認知症有病率の時代的変化

精度の高い久山町の疫学調査で、地域住民における認知症の実態について検討した。

前述の五回のスクリーニング調査の成績によれば、認知症の有病率は一九九二年の五・七％から着実に上昇し、二〇一二年には一七・九％となった（図15）。つまり、現在では六十五歳以上の高齢者の五

〜六人に一人が認知症を有することになる。地域では、脳卒中やがんの患者さんよりも認知症の患者さんの方が多いのが現状である。認知症はその原因によっていくつかの病型に分けられるが、久山町研究の詳細な検討ではアルツハイマー病と血管性認知症が全認知症の約九割を占め、アルツハイマー病の有病率だけが時代とともに急増していた。

■図15　認知症の有病率の時代的変化（久山町男女、65歳以上）

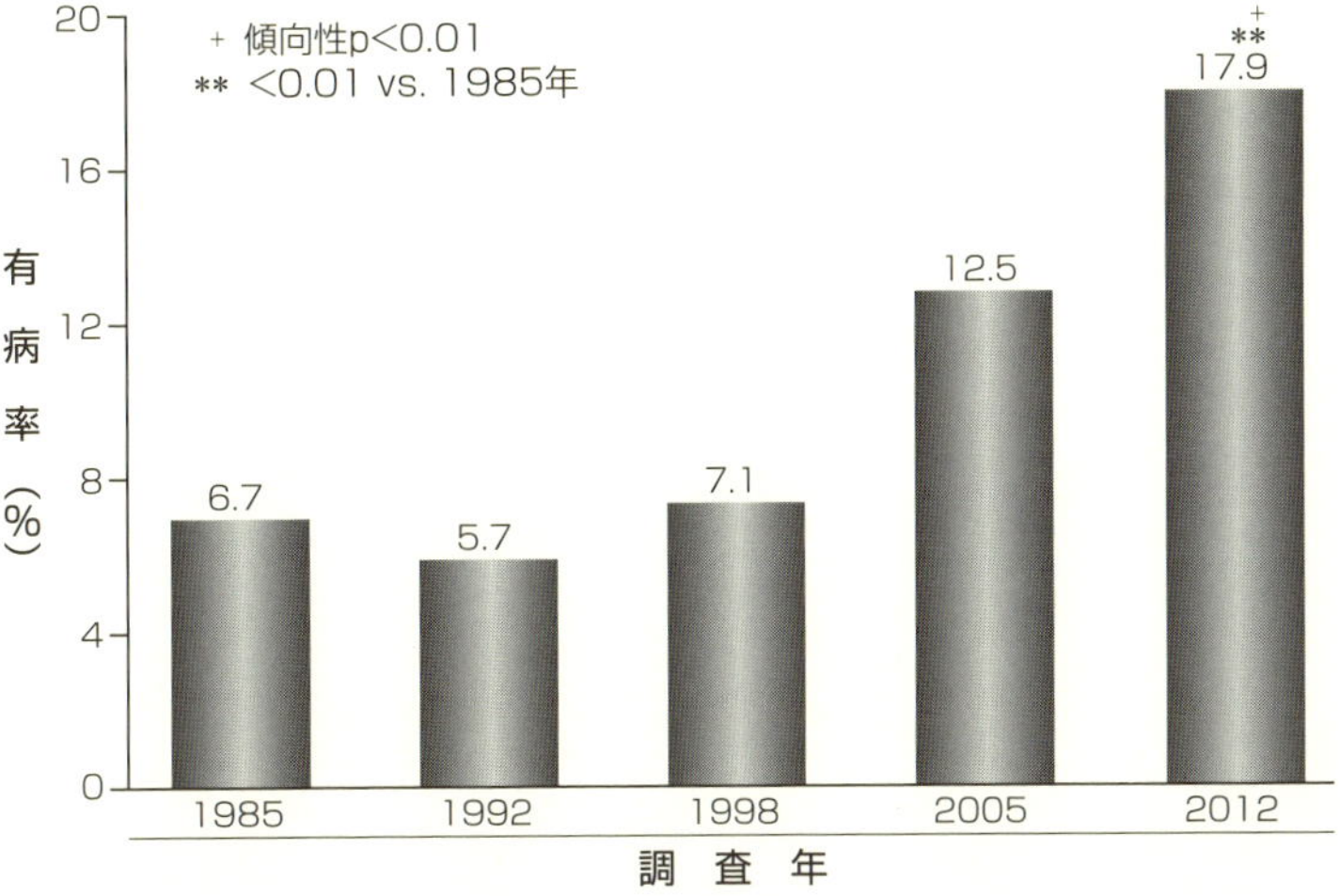

わが国における認知症高齢者の将来予測

この久山町の有病率のデータを日本全国に当てはめると、わが国の認知症高齢者の数は一九八五年の八十三万人から二〇一二年には五五一万人へと増えていることになる。さらにこの久山町の認知症有病率の時代的推移のデータから、わが国の認知症高齢者の患者数の将来推計を行うと、十年後の二〇二五年頃に七三〇万人になり、高齢人口がピークになる二〇四〇年頃に一〇〇〇万人に達すると予測される。この頃に日本の総人口は一億人まで減るといわれていることから、二十五年後には国民の十人に一人が認知症という、とんでもない社会が出現することになる。

さらに、久山町の六十歳以上の認知症のない高齢者を十七年間追跡したデータをもとに、健常な高齢者が生涯に認知症になる確率を試算すると、その結果は何と五五％であった。これは、六十歳以上の高齢者は生涯に二人に一人が認知症になることを意味する。二人に一人が認知症になるということは、すなわち夫婦がどちらも長生きすると必ずどちらかが認知症になることになる。子供の立場からすると、両親がどちらも長生きすると必ずどちらかが認知症になることになる。夫婦にはそれぞれ親が二人で合わせて四人いることから、運が悪いと一家に二人認知症の高齢者がいることがまれではなくなる可能性すらあることになる。その負担に家庭や地域が耐えられるか、そして国の財政が耐えられるかははなはだ疑問である。つまり認知症はわが国に国家的危機をもたらす疾患といえる。

認知症の危険因子・防御因子

現在、残念ながら認知症の特効薬も予防薬も存在しない。したがって、普段の生活を見直して認知症を予防することが重要な課題となった。そのため久山町研究では、認知症の危険因子や防御因子を明らかにして、認知症の予防手段を開発することをもっとも大きな研究テーマとしている。以下では、久山町研究の追跡調査で明らかになった認知症の危険因子、防御因子を紹介する。

■糖尿病――アルツハイマー病増加の要因

■図16　耐糖能レベル別（WHO 基準）にみた病型別認知症発症の相対危険度
（久山町男女1,022名、60歳以上、1988－2003年、多変量調整）

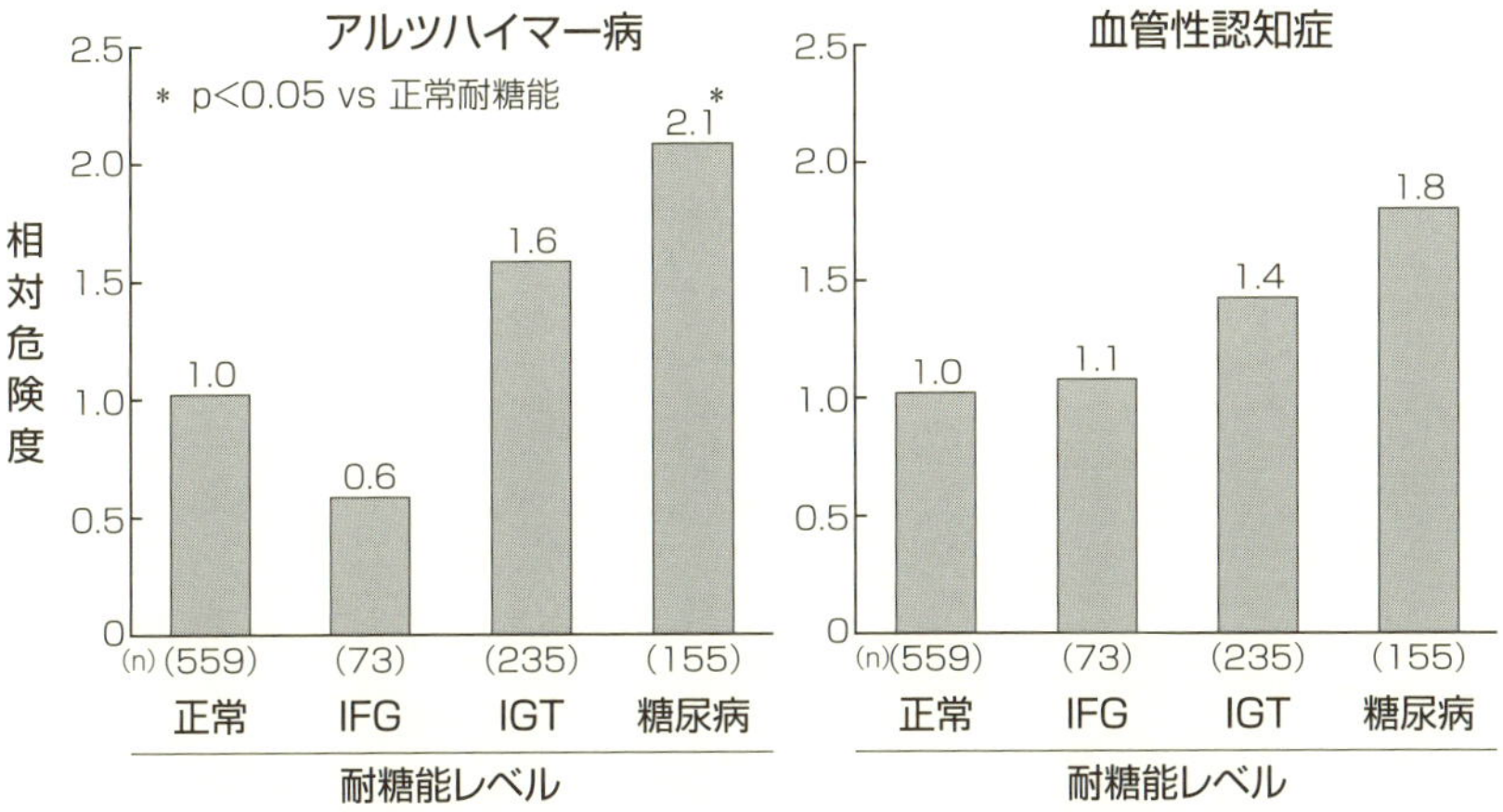

調整因子：性、年齢、学歴、高血圧、脳卒中既往、心電図異常、肥満度、血清総コレステロール、喫煙、飲酒、身体活動度

わが国の高齢者における糖尿病と認知症の関係を明らかにするために、一九八八年の久山町の健診で七五g経口糖負荷試験を受けた集団のうち、認知症のない六十歳以上の高齢者一〇一七人を十五年間追跡した成績を用いてこの問題を検討した。

対象者を追跡開始時の耐糖能レベル（WHO基準）に基づいて正常耐糖能、空腹時血糖異常（IFG）、耐糖能異常（IGT）、糖尿病群の四群に分けて十五年間追跡し、認知症発症の相対危険度を、他の危険因子の影響をのぞいて算出した。その結果、正常耐糖能群を基準にすると、アルツハイマー病発症のリスクは糖尿病群で二・一倍と有意に高く、耐糖能異常群においても一・六倍と上昇傾向にあった（図16）。同様に、血管性認知症のリスクも耐糖能レベルの悪化とともに上昇し、糖尿病群で一・八倍と高い傾向を示した。さらに詳細に検討すると、食後高血糖を表す負荷後二時間値が高いほど、アルツハイマー病および血管性認知症のリスクが上昇した。

■図17　久山町で明らかとなった認知症の危険因子と防御因子

危険因子	防御因子
●糖尿病、とくに食後高血糖 ●高血圧 ●たばこ	●運動 ●野菜豊富な和食＋乳製品 ●少量のアルコール？

つまり、わが国では糖尿病が急増したことにより、認知症、とくにアルツハイマー病が増加していると考えられる。

■危険因子・防御因子のまとめ

久山町研究によって現在までに明らかにされた認知症の危険因子は、糖尿病（特に食後高血糖）に加えて、高血圧、喫煙であり、防御因子は運動と野菜豊富な和食＋乳製品の食事である（図17）。海外のデータでは、少量のアルコールが認知症を予防することが報告されているが、このアルコールの影響については今後日本人で検証すべき課題として残されている。以上の情報をもとに生活習慣を見直すことで、認知症のリスクをかなり減らすことができる可能性が高い。

久山町研究のような疫学研究の利点は、認知症発症のメカニズムが十分に解明されていなくても、また治療法が確立していなくても、認知症の予防法を策定できることである。久山町研究で明らかとなった予防手段を国民全体に普及させることで、二十五年後の一千万人認知症高齢化社会の到来を高い確率で阻止することができると期待される。また、久山町研究で見いだされた認知症の予防手段は、心血管病やがん、つまり生活習慣病全体を予防することにもつながると思われる。

おわりに

久山町では五十年以上にわたる健診事業および久山町研究によって、町民の方々の脳卒中および心疾患のリスクは全国平均に比べ十〜二十年先行して低下している。また、この健診事業はがんなど他の病気に対しても予防効果を及ぼしている。しかし、生活水準の向上とともに、肥満、脂質異常症、糖尿病など代謝性疾患が増え、心血管病の危険因子として台頭していることが新たな問題となっている。さらに、急増している糖尿病とその予備群ががんや認知症のリスクを上昇させていることも明らかとなった。したがって、久山町において心血管病、がん、認知症をはじめとする生活習慣病を今後さらに予防するうえで、高血圧管理や禁煙を今まで以上に徹底するとともに、増え続けている代謝性疾患、とくに糖尿病の予防・管理が大きな課題になったといえる。

2 久山町研究・健診事業のあゆみ

行政の立場から

久山町ヘルスC&Cセンター
副センター長　角森輝美

はじめに

昭和三十六（一九六一）年、九州大学との共同事業として開始された、久山町研究・成人病健診（当時）は平成二十八（二〇一六）年に五十五年目を迎えた。今回、開始からの新聞記事や事業記録、久山町研究に焦点をあてて書かれた『剖検率一〇〇％の町――九州大学久山町研究室との四十年』（祢津加奈子著、ライフサイエンス出版、二〇〇一年）、『健康への挑戦』（久山町役場総務課編・発行、資料提供西日本新聞社・九州大学、一九八二年）及び平成元年十月に刊行された初代町長・江口浩平氏による『久山町成人病検診発足之記』を中心にして、久山町研究を活かしてきた住民、行政の取り組みについて記し、今後の健診、健康づくり、地域づくりの参考となるよう整理してみる。

あえてこの稿では「久山町研究・健診」と表現する。これは、昭和五十五年から久山町研究に携わってきた現久山町ヘルスC&Cセンター長の清原裕先生が、「久山町研究は大学だけでなし得たものではなく、久山町研究と久山町健診は切っても切れない関係にある」として、たびたび使用する表現である。

久山町研究・健診のはじまり

昭和三十六年三月九日、九州大学第二内科・勝木司馬之助教授は、昭和三十一年に山田村と久原村が合併して誕生した久山町役場に、初代町長の江口浩平氏を訪ねた。これが五十五年間続いてきた久山町研究・健診の始まりである。

久山町研究の開始は、九州大学からの申し入れによるとされることが多い。つまり、町はただ、受け身的に申し出を受けたと理解されている節がある。しかし、当時の町長・江口浩平氏の回顧録『久山町成人病検診発足之記』によると、「昭和三十六年正月すぎ、コーカサスのある種族の寿命は長い、という記事を読み久山町民の寿命はどうだろうかと考えた。そこで明治二十二年からの死亡年齢、病名、性別で調査してみた。多いものは肺結核、脳卒中やがんであった。結核については結核検診に任せることにしたが、他の病気については措置に困った。その時期に粕屋保健所長の来町を受けた。いかにすべきか対策を相談した」と記されている。江口氏は九州大学からの申し出の以前に病気への関心を持ち、町民の寿命延長のために、健康をいかに守っていくかについて、どうにかしたいと対策を考えていたことになる。九州大学が集団健診の候補地の選定を行っていた時期と、町長のこの思いが一致し、最終的な健診地域として久山町が選ばれた条件を決定づけたとうかがえる。

最初の町の決断

町長を訪ねた九州大学第二内科・勝木司馬之助教授が退庁した後、町長は衛生係の河邉シカノ保健師に相談し、決断を下したとされている（『剖検率一〇〇％の町』）。この河邉保健師と江口町長の決断がなければ、久山町研究・健診事業が次のステップへ進むことはなかったと思われる。

健診開始十五年目に新卒保健師として就職した私に、河邉保健師が業務の合間に話してくれた。健診に必要なシーツや枕カバー、布団を手縫いで準備したこと、また現在のトリアス近くのゴルフ場の松林でたくさん収穫された松茸を九大の医師たちと焼いて食し慰労したこと……。楽しそうに話してくれた笑顔からは、九大の医師とともに一大事業を進めてきたことの苦労話というより、内に秘めた誇りを感じた。

町はこの決断を受け、議会に提案した。当時議会の副議長で、のちに町長となる小早川新氏は、「ただでやってくれるならいいじゃないか。いいことは、やりゃよかたい、と議会では一分もかからず可決した」と語っている（『健康への挑戦』）。この議決による町の決断で久山町研究・健診事業はスタートすることになる。

第一回成人病健診は健診の申し入れから一カ月足らずの四月二十一日、中久原公民館で行われた。この間に健診の詳細決定、会場の準備、町民への広報とすべて行われたとされている。

行政と町民をつなぐ大きなルートである区長会が招集され、町として集団健診をやりたいという意向並びに意義と実施方法が伝えられ、これを了承した区長は隣組の組合長に伝え、さらに組合長から組合員（各家庭）に伝えられていった。各家庭に設置されたばかりの農村有線放送も活用された。一回限りの健診ではなく、住民が亡くなるまで継続的に追跡調査を行う健診が開始された。第一回初日の健診受診者は予定の九〇％以上であったという（『剖検率一〇〇％の町』）。

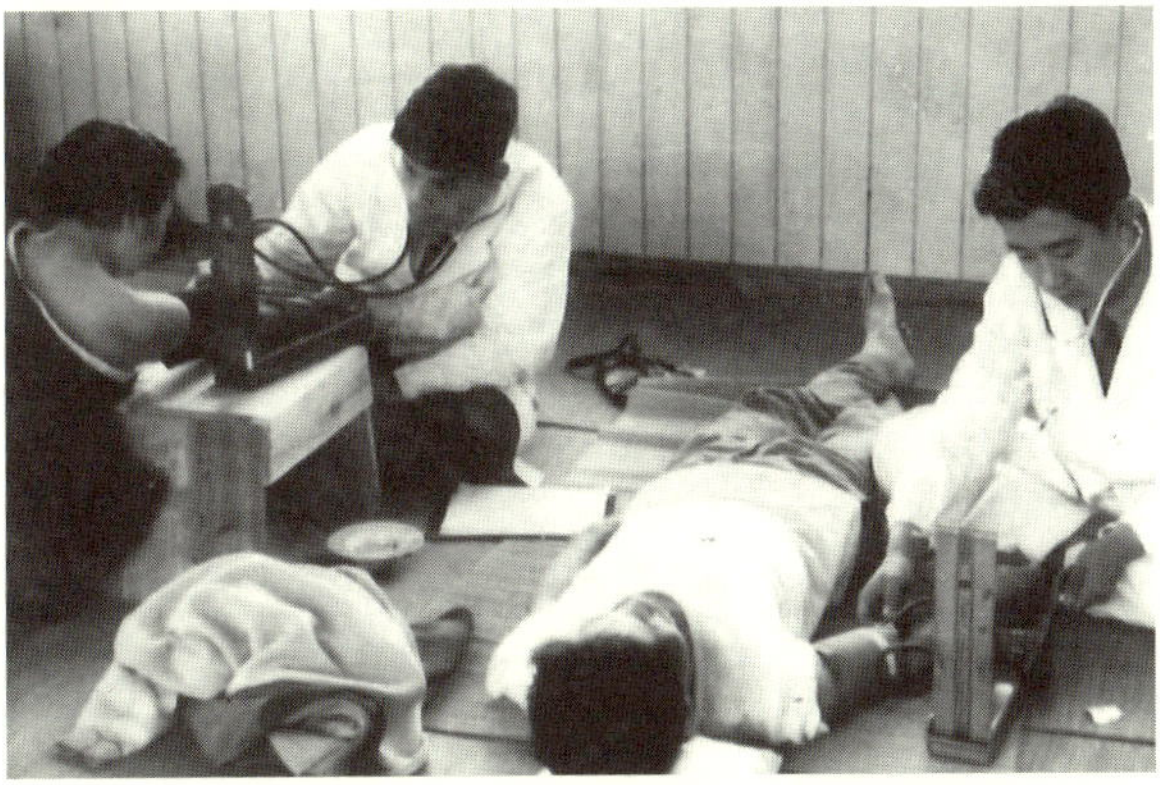
昭和36年４月21日に行われた第１回成人病健診

病理解剖の開始

久山町研究の事業は、健診ともう一つ、健診によって脳卒中の危険因子の影響を追跡し、住民の死にあたって病理解剖によって脳卒中の実態を明らかにするというものであった。当時の現場責任者であった廣田安夫医師は、町から住民への依頼ではなく、直接遺族に剖検《ぼうけん》を依頼する道を選んだ。後日その理由を「検診と違って遺体の解剖などというものは、町が承諾するとかしないとかではなく、遺族のお一人お一人にお願いするもの、ご家族がどう考えるかという問題だと思った」と語っている（『剖検率一〇〇％の町』）。この姿勢は、五十五年経過した今でも九大の医師に受け継がれ、死亡の連絡が入れば、当番の医師が遺族を訪れ剖検の主旨を説明し、お願いをして行われている。これは、悲しみの中

健康増進クラブの勉強会

の遺族に対して敬意の念を示すことであり、医師として真価を問われるものである。現在は脳卒中の実態のみならず、がんや認知症の実態を明らかにすることも担っている。

病理解剖への住民の協力の意思表示

健康増進クラブと安楽寺住職

『久山町研究五十年のあゆみ』（九州大学・久山町研究室編・発行）で久山町元助役・元職員の安河内哲哉氏は、「『最高学府である九大の先生たちにただで健診をしてもらっているのだから、何かの形でお返ししたい』という思いでした。頼まれたらやっちゃろういう気概、これが久山の風土なのですから」と話している。お互い励まし合いながら、健診データを健康づくりに生かしていこうという趣旨のもと、町長の江口が発起人代表になり「健康増進クラブ」が組織された。昭和三十七年十月から町民に入会が呼び掛けられ、昭和三十八年二月十五日に発会式が行われた。この発会式で参加者に「不幸にして斃《たお》れた場合には、進んで遺体を提供し医学に貢献する事に同意致します」と書かれた同意書に署名してもらう予定であった。まず発起人たちが署名することにし、一号二号は江口町長夫妻であった。この年の九月、久山町は朝日新聞社の「明るい社会賞」を受賞した。祢津氏は『剖検率一〇〇％の町』で、「よく、遺言は亡くなった人の家族に対する成績表だと言われる。生前、家族や友人がその人にとってどういう存在だったのか。それを財産分与という形で示したのが、遺言状だというのである。久山町の剖検も、九大の地域医療に対する町民の成績表だったのかもしれない。（略）町民に対する地域医療の実践と、それに対する返礼としての剖検による研究協力。久山町研究は町と九大が互いを支え合う形で成立するのである」と述べている。

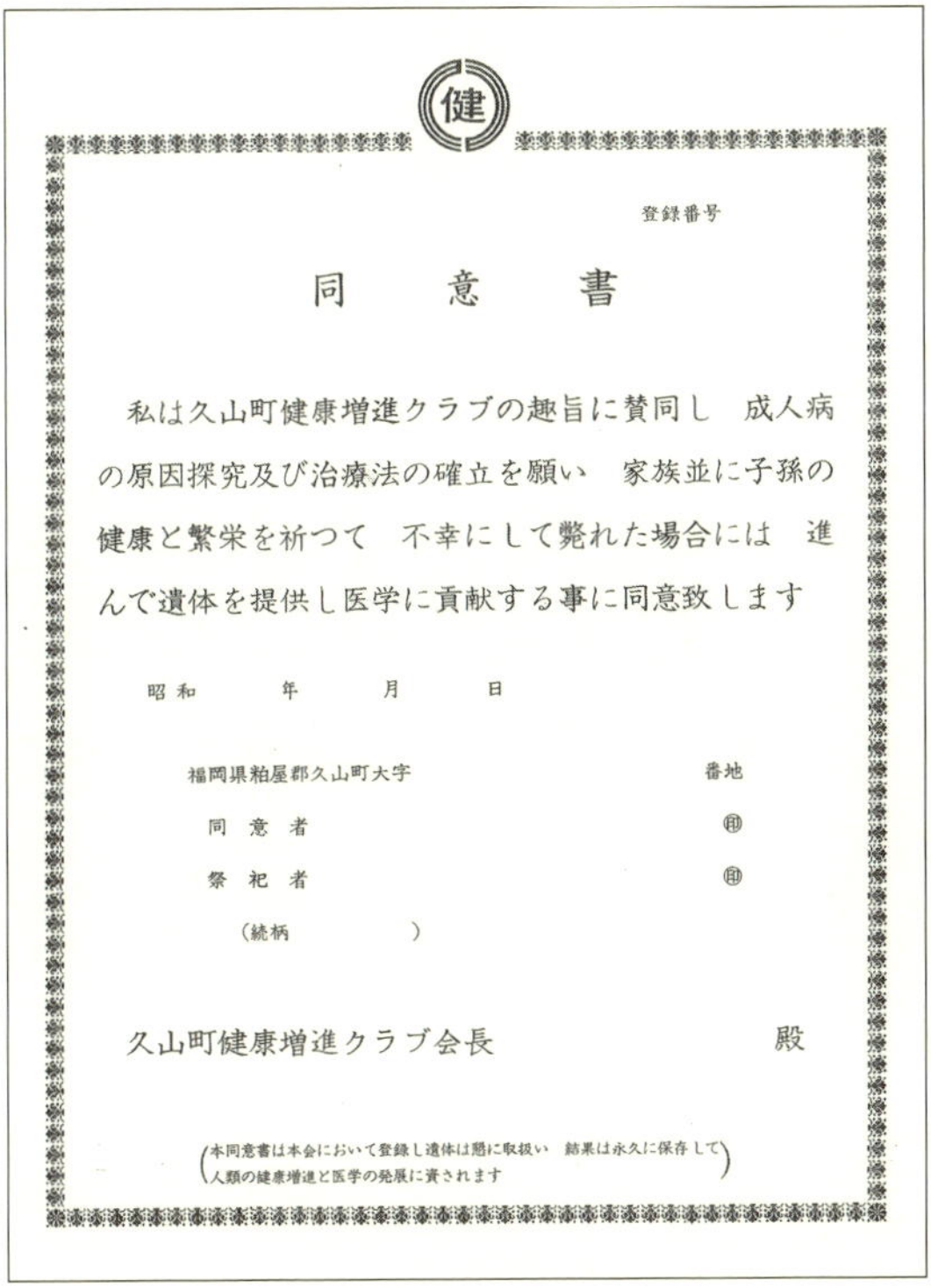

登録番号

同　意　書

私は久山町健康増進クラブの趣旨に賛同し　成人病の原因探究及び治療法の確立を願い　家族並に子孫の健康と繁栄を祈つて　不幸にして斃れた場合には　進んで遺体を提供し医学に貢献する事に同意致します

昭和　　年　　月　　日

福岡県粕屋郡久山町大字　　番地

同意者　㊞

祭祀者　㊞

（続柄　　）

久山町健康増進クラブ会長　　殿

（本同意書は本会において登録し遺体は懇に取扱い　結果は永久に保存して人類の健康増進と医学の発展に資されます）

剖検の同意書

町の人々に解剖の意義を理解してもらうにはどうするか。医学の方面からの説得ばかりでなく、ほかの方法があるのではないか。その役目を引き受けたのが、町内六つの寺の住職たちであり、彼らが精神面を救ってくれたとされる。安楽寺の当時の住職・亀井忠達氏は「どんな往生を遂げても、例えば体が傷ついた最期であっても、その未来は救済されるというのが仏の教え」とし、親鸞上人の言行録『改邪抄《がいじゃしょう》』の一節「本師聖人の仰せに曰《いわ》く。某《それがし》 親鸞閉眼せば賀茂川に入れて魚に与ふべし」——自分の死後、肉体が果たす

第2号　久山町健康増進クラブ会報　昭和39年6月30日　(6)

第一回剖検遺体慰霊祭
（健康増進クラブ主催）

去る五月七日、久山中学校講堂で、第一回剖検遺体慰霊祭が行なわれました。過去二年半に久山町で亡くなられた五十一柱の御霊前に、会長始め会員一同多数の来賓、御遺族と共に参列し、しめやかな読経と香煙のうちに、その御遺徳をたたえました。参会者一同、増進クラブの一層の発展を祈念し、御遺志に報いるべく誓いを新たにした次第です。

写真　右、祭壇と読経
写真　下、御遺族のお焼香

昭和39年5月7日の第1回剖検遺体慰霊祭の
様子を伝える「久山町健康増進クラブ会報」

ことのできる最後の報謝の気持ちを、せめて賀茂川の魚のえさにでもなることで表したいという親鸞の教えを伝えた（『健康への挑戦』）。亀井氏は、「解剖への協力は、人類を苦しめる病気の解明につながる。それは尊い相互扶助の姿、仏教でいう御恩（四恩）の一つ〝衆生の恩〟の実践である」と『健康への挑戦』で述べている。

二度目の町の決断

昭和四十七年、ＮＩＨ（米国国立衛生研究所）からの研究費の終了に対し、町民の健康を守るために町が経費を負担して継続するという英断が行われた。安河内氏は『久山町研究五十年のあゆみ』の対談で、「振り返ってみれば、このとき米国国立衛生研究所（ＮＩＨ）からの研究費が打ち切られたことが、久山町の大きな転機になりました。自前のお金を出さないといけないということで、本気になったのです。町民の税金を使わせていただくのだから、それなりの効果を上げなくてはいけない。これからは真正面から取り組まなければいかん。町長も議会もそう思い、久山町の方針として『健康』を明確に打ち出したのです。それからが大変でした。何故なら、健康行政にはお金がかかるのです。『健康』

をテーマにすれば、『人の健康』だけではなく、『自然の健康』『社会の健康』と、あらゆることに繋がります。町長はそれを実践しようとしました」と語っている。また、この思いは、のちの町の基本理念「国土の健康」「社会の健康」「人間の健康」へと受け継がれていく。この時、検査費用は町が負担し、医師は無報酬で健診をし、また健診データから研究を継続していくという役割が示された。この時の町

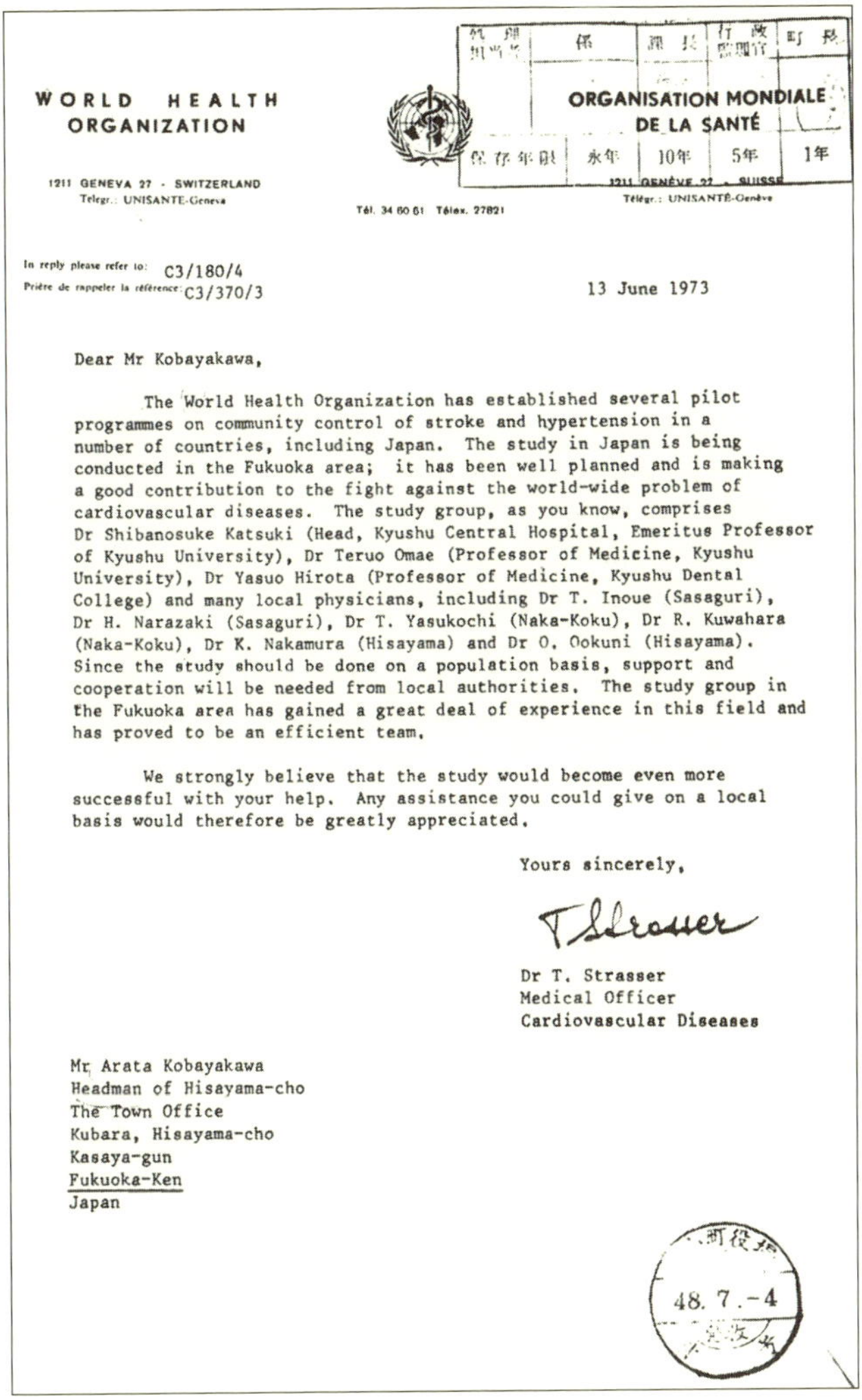

WORLD HEALTH ORGANIZATION

ORGANISATION MONDIALE DE LA SANTÉ

1211 GENEVA 27 - SWITZERLAND
Telegr.: UNISANTE-Geneva

Tél. 34 60 61 Télex. 27821

1211 GENÈVE 27 - SUISSE
Télégr.: UNISANTÉ-Genève

In reply please refer to: C3/180/4
Prière de rappeler la référence: C3/370/3

13 June 1973

Dear Mr Kobayakawa,

The World Health Organization has established several pilot programmes on community control of stroke and hypertension in a number of countries, including Japan. The study in Japan is being conducted in the Fukuoka area; it has been well planned and is making a good contribution to the fight against the world-wide problem of cardiovascular diseases. The study group, as you know, comprises Dr Shibanosuke Katsuki (Head, Kyushu Central Hospital, Emeritus Professor of Kyushu University), Dr Teruo Omae (Professor of Medicine, Kyushu University), Dr Yasuo Hirota (Professor of Medicine, Kyushu Dental College) and many local physicians, including Dr T. Inoue (Sasaguri), Dr H. Narazaki (Sasaguri), Dr T. Yasukochi (Naka-Koku), Dr R. Kuwahara (Naka-Koku), Dr K. Nakamura (Hisayama) and Dr O. Ookuni (Hisayama). Since the study should be done on a population basis, support and cooperation will be needed from local authorities. The study group in the Fukuoka area has gained a great deal of experience in this field and has proved to be an efficient team.

We strongly believe that the study would become even more successful with your help. Any assistance you could give on a local basis would therefore be greatly appreciated.

Yours sincerely,

Dr T. Strasser
Medical Officer
Cardiovascular Diseases

Mr Arata Kobayakawa
Headman of Hisayama-cho
The Town Office
Kubara, Hisayama-cho
Kasaya-gun
Fukuoka-Ken
Japan

昭和48年にWHO（世界保健機関）から久山町に届いた、久山町研究・健診事業の存続を願う文書

WHO（世界保健機関）の担当者が来庁（昭和49年）

の決断と九大の研究への熱意が、健診の継続につながることになった。

ＮＩＨからの資金援助終了後もこの研究が継続されたことで、昭和四十九年にはＷＨＯ（世界保健機関）も来庁して、久山研究・健診事業が世界的なものであることを町も実感した。

保健活動の体制づくり

健診開始後十年ほどして、町は、健康と教育に力を入れるとして専門職の採用を決めた。それは初代保健師・河邉の提言でもあった。「私がしている仕事は保健師の仕事ではない。保健師はもっと他の仕事をする者であるから、保健師を雇用するよう当時の町長・小早川氏に進言をしていた」と、ことあるごとに話してくれた。しかし、保健師の仕事ではないと言っていた河邉氏の活動は、八〇％を目指す成人病健診の受診率を維持してきた、この久山町研究の礎となっていると考える。

二代目の保健師・和田紀子氏は国民健康保険の保健師として採用され、最初はレセプト（診療報酬明細書）情報をもとに国民健康保険加入者への訪問や相談を行っていた。しかし、人口七千人余の町での保健師の活動は、加入保険にとらわれず、全町民を対象とすることが望ましいと考え、全住民を対象とする活動に切り替えた。それを後押ししたのが、昭和四十九年の山陽新幹線の久山町内工事開始後に浮上した、昭和五十年の新幹線開通記念に六十五歳以上全員を乗車させて箱根、東京へ旅行する計画である。先の安河内氏の談によると、町職員、救護班の町内医師、九大医師によるお世話班が結成され、洋式トイレやバスの使い方、テーブルマナー講習などが行われたという。この壮大な町の計画に保健活動は乗じた。全地区での老人健康相談の開始である。住民は毎月開催される健康相談に参加し、自分の血圧を知り、必要時は医師の診断を受け治療を確実に受けることとなった。この活動により、住民は保健師の存在を知ることとなった。

公民館での保健師による老人健康相談

保健栄養教室

　昭和五十一年には、福岡県下の政令市以外の市町村では初めて栄養士が採用され、食生活改善のための教室や、高血圧対策、糖尿病対策へと活動が広がった。また昭和五十二年には、人を対象とした活動を専門的

昭和56年に開催された成人病健診20周年記念式典

に行えるように日本で最初の健康課が設置された。現在では多くの自治体や企画会社で発行されている「健康カレンダー」が作成されたのもこの時期である。この健康カレンダーは広報コンクールでアイデア賞を受賞したが、当時日本で最初に作成された健康カレンダーであったと記憶している。

昭和五十六年、成人病健診二十周年記念式典で、町は「健康宣言」を行った。

また、久山町研究・健診事業を町づくりに生かしたことと併せて、九大・開業医・行政の三者がそれぞれの立場を理解して、それぞれの立場でやることをやるという姿勢は、昭和五十年からの九大小児科との母子保健システムづくりや、昭和五十七年からの学校歯科医・開業歯科医・教育行政が共同した歯科保健システムづくりへと大きく広がっている。

三度目の町・住民の決断

久山町研究室は、平成十一年、集団健診での血液を使って脳卒中の発症に関係するといわれている遺伝子の解析を始めていた。この遺伝子解析が町民の了解を得ていなかったと、明けた平成十二年の冬、マスコミの批判を浴びた。その直後、無断解析の謝罪と、遺伝子研究の理解を得るために清原先生をはじめ、久山町研究室の先生方の公民館回りが行われた。私が同行した上山田いつき会館での住民のことばを私は忘れることができないし、今もその情景を鮮明に思い出すことができる。その方は、「健診を受けて、必要な検査の後の血液はどうせ捨てられるのであれば、有効に使われた方が、健診を受けるだけで一介の百姓が医学の進歩に貢献でき、孫子のためになるのですから、どうぞ使ってください。そして先生方は堂々と研究してください」と発言された。このことばは、若いころから、両親が健診を受ける姿を見て育ち、九大への信頼、行政への信頼があってこそ抱かれてきた尊い住民の気持ちであると思う。この住民の思いを次の世代へつなげることがまた、新しいまちづくりとなると考える。

このことは、健診事業は住民と、九大・行政・開業医との信頼関係のうえに成り立ってきたことを改めて認識させる機会になったと思う。それと同時に、久山町研究は世界的にどれだけの価値を持つ研究であるかということも認識された。そして、国民のためになる健診を行っているとして、平成二十五年には皇太子殿下の健診への行啓を仰ぐことになった。

これからの久山町研究・健診

私が就職した昭和五十年代、マスコミや視察に訪れる方たちから「九大のモルモット」ということばを聞くことがあった。当時の町長や古老の住民の方は、「モルモットがなんで悪い？　世のためになるんなら喜んでモルモットになる。ほかの人から可哀想といわれんでもいい」と笑って話された。この大きな〝心根〟が五十五年も続く、久山町研究・健診を支えてきた根幹であると考える。また、この事業がなければ、九大と行う母子保健、歯科保健をはじめとした保健活動への展開はなかったかもしれないし、健康を柱にしたまちづくりもなかったかもしれない。

三度の町の決断で、久山町研究・健診とともにまちづくりを行ってきた。九大は研究を花開かせる役割を担い、開業医は主治医の立場から住民の健康と安心を支え、行政は研究の基礎である健診を支え、出された研究成果を保健活動という形にして住民に返していく。この三者の役割を再度認識して、住民が「久山町研究・健診」を通して先達のように誇れるものを継続できたら、と考える。そして、健康づくりが日々の生活であたりまえになり、障害や認知症があってもなくても暮せる地域づくり、すなわち、「健康づくりはまちづくり」を行うことが行政の役割であると考える。

久山の人々から世界の人々へ、「健康にな〜れ、元気にな〜れ」

今回、健診の開始から剖検の開始を中心に、医学への貢献の道に入り込んでいった住民・行政について、過去の記録や先輩諸氏から伺ったことや思い、また四十年間久山の住民の方々から教えていただいた心根をできるだけ丁寧に記した。久山町研究が日本の健康指標となっているように、久山町が行ってきた、ひとつの保健事業からまちづくりへの歩みが、日本のまちづくりの指標となることを願っている。このことを『久山町研究五十年のあゆみ』の対談で安河内氏は、「久山の人々から世界の人々へ、『健康にな〜れ、元気にな〜れ』と伝えていくことが、久山町の使命」と表現している。これは、久山町研究

・健診事業に係わった多くの久山町の住民、行政の先達の願いでもあると思う。

参考・引用文献

祢津加奈子『剖検率一〇〇%の町——九州大学久山町研究室との四十年』ライフサイエンス出版、二〇〇一年
久山町役場総務課編『健康への挑戦』資料提供西日本新聞社・九州大学、一九八二年
江口浩平『久山町成人病検診発足之記』一九八九年
九州大学・久山町研究室編・発行『久山町研究五十年のあゆみ』二〇一一年

注

●久山町の「健診」は、昭和五十年以前は「検診」の字があてられていたが、本書ではすべて「健診」に統一した（引用部分は除く）。
●平成十四年より保健婦・保健士は「保健師」に統一されたが、本書ではそれ以前についてもすべて「保健師」に統一した。

私が見た久山町4

久山町老人クラブ連合会副会長
田村久男

二〇〇〇年の春、終の棲家を長年住み慣れた東京にするか、妻の故郷・久山町にするか悩んでいた。

その頃、巷では「スローライフ」「毎日が日曜日」「晴耕雨読」等が流行していた。

その久山町へ移住した。妻の家族以外、誰一人知人はいない。

久山町の情報を求めてレスポアール久山の町立図書館へ行った。そこには久山町に関する図書が纏められていた。

『久山町誌』上・下巻他、目についたのは『久山町の素顔　実験・町の政治――西日本新聞社連載から』（久山町、一九八二年）。遺体総解剖運動、鎖国的土地政策、老人家出のすすめ、形式的民主主義への挑戦、補助金混合政策など、既成の自治への挑戦の実態。どれも興味津々！

「遺体総解剖運動」

何のことだろう？　それは、住民が死亡したら九州大学医学部第二内科へ運び、死因を調べるために解剖し、その後縫合して葬儀が行われる。

この運動が昭和三十七（一九六二）年にスタートして、二年後には剖検《ぼうけん》（遺体解剖）率が一〇〇%となった。後世の医学の発展と子孫の繁栄を願ってとあるが、他人のために自分の体を提供するという崇高な行為が、当たり前のように行われている。

生活習慣病予防健診のデータも含め、「久山スタディ」として世界中の学会や医療機関で活用されている。

振り返ってみると、昭和三十一年久山町初代町長・江口浩平氏は、陸軍大学校出身で統計に精通していた。町民の死亡統計をとられた。第一位：脳卒中、第二位：肺結核、第三位：死産。四十〜五十歳で脳卒中が多過ぎる、何とかしなければと保健所に相談されていた。

九州大学医学部教授・勝木司馬之助氏の脳卒中研究と重なり合って、昭和三十六年四月から九州大学医学部第二内科の成人病共同研究町となった。昭和三十七年から剖検が開始された。また久山町研究に対して、米国NIH（国立衛生研究所）より研究費援助が開始され、昭和四十四年まで続けられた。

最近では剖検率も六〇％台となっているようだ。

「鎖国的土地政策」

昭和四十五年、市街化調整区域として全町の九六％を指定した。

小早川新町長は、福岡市のベッドタウンにしてしまえば人口の急増でいろんな課題が発生する、更に福岡市の上流にある久山町が乱開発されれば結果として、下流にある福岡市への水が汚れてしまう、上流にある町の責務として「久山の山」を守らなければ、きれいな水は守れないという、崇高な理念があったからだろう。

久山町では昭和五十二年から、家庭・地域・学校が一体となり、町ぐるみで「ふれあい・美化・健康」をスローガンとして「道徳推進運動」に取り組んでいる。課題を共有し町ぐるみで取り組み、道徳カルタが作られた。現在も新年には道徳カルタ大会が実施されている。

「温故知新」という言葉があるように、先人の知恵に学び新しい久山町を創造してほしいものである。

首羅山のイチョウ

粘土で作った薩摩塔を手に

第五章 久山町の教育

総論

学校・家庭・地域の連携による久山の教育

久山町教育委員会教育長
中山清一

はじめに

久山町は、昭和三十一（一九五六）年に久原村と山田村の合併により誕生した。福岡市都心からは東に約一〇㎞離れた位置にある人口八五〇〇人の町である。町内の山と丘には、豊かな森林があり、猪野《いの》川、久原《くばら》川それぞれの河川沿いに、広々とした田園と集落が広がっている。

また、町内には、八つの集落があり、集落を単位とした伝統的な地域コミュニティが形成されており、親密な人間関係が保たれている。高齢者の比率も年々高まっていて昔ながらの三世代同居家庭も多く、青少年の非行や犯罪がほとんどない安心・安全な町である。

久山町の教育の特徴は、学校・家庭・地域が共に手を携えて、子どもたちの未来を拓く確かな学力や主体的・自律的に行動するための資質や能力を身につけさせ、一人ひとりの個性を見出し、その伸長を図ると共に、他人を思いやる心、社会に貢献しようとする態度など、豊かな人間性を培うことを目指している。

また、町民一人ひとりが、自己の目標や理想の実現のために、生涯を通じて学び続けると共に、すべての町民が参画して、薫《かお》り高い文化と伝統が息づく活力ある郷土を築いていくことが重要であるという考えのもとに教育行政を推進している。

学校教育では、四つの課題である「学ぶ意欲の低下」「自尊感情の低下」「体力の低下」「規範意識の低下」の克服のために、「保幼・小学校・中学校の連携」「学校・家庭・地域の連携」の二つの連携を通して学校・家庭・地域の教育力の向上を目指している。

社会教育では、町ぐるみで道徳運動を展開し、志をもったたくましい青少年の育成や、生き生きとしたスポーツライフの創造、町民文化の推進、人権尊重精神を育成する教育の推進に努めている。

久山町の道徳運動・道徳教育は、学校・家庭・地域が連携・協力しながら取り組んでいることに特徴がある。昭和五十二年に文部省（現文部科学省）道徳教育の地域指定・委嘱を受けたことを契機に、学校・家庭・地域の三者連携による道徳推進運動を展開する道徳推進委員会を立ち上げた。

推進委員会は、学校部会、家庭部会、地域部会の三部会で構成されていて、家庭部会では、家庭における親子の会話やあいさつ、早寝早起きなどに取り組んでいる。地域部会では、地域でのあいさつ運動や地域での声かけ、登下校時の子どもたちの見守りやパトロールなどに取り組んでいる。学校部会では、道徳の授業を中心に、あいさつや正しい言葉遣い、学校周辺の美化活動、そして幼稚園、小学校、中学校の輪番による道徳教育実践交流会を実施し、町内教職員の指導力の向上に努めている。

異年齢保育で外遊びをする園児たち

三者合同（道徳推進委員会）による取り組みとしては、道徳の日の設定（毎月二十日）、道徳冊子「伸びよ親と子」の作成、道徳カルタの作成及びカルタ大会の実施、道徳看板の設置など様々な取り組みを行っている。

また、町内には、町立幼稚園二園、小学校二校、中学校一校があり、園児、児童生徒九六四人（平成二十七〔二〇一五〕年五月一日現在）が在籍している。子どもたちは、素直で真面目だが、新しいことに挑戦することや自分の考えを友達に伝えるといったコミュニケーション能力が苦手なところが見られる。これらの解消のために幼稚園、小中学校では、学力の向上と併せて心の教育を推進している。

次に、町内幼稚園、小学校、中学校の特徴的な取り組みについて紹介する。

幼稚園、小学校、中学校の特徴的な取り組み

■久原・山田幼稚園

両幼稚園では、遊びを通して生きる力の素地を培っている。友達と関わる力や心情、意欲を高める保

育活動に力を入れている。人と関わる力を育む活動として異年齢保育を行い、多様な仲間関係や教え合い、学び合い、育ち合うことを目指している。

　豊かな心情を育む活動では、毎日の読み聞かせや絵本を貸し出し、家庭での読み聞かせを奨励している。また、読み聞かせボランティアによるお話会や観劇会などを行い、子どもたちの心が豊かになることをねらっている。

久原小学校での読み聞かせ

■久原小学校

　久原小学校では、夢に向かって努力し、伸びを実感する子どもの育成を目指している。そのために、基礎的・基本的な知識や技能を身につけ、活用できる本気の学びによる学力の向上や、相手を思いやる気持ちをもち、他人に働きかけ、他との関わりによる自分磨きに努めている。また、日常的な運動や歩いての登下校により主体的な健康づくりに努めている。

　平成二十年度からは、「地域を愛する心を育む首羅山《しゅらさん》遺跡の学習」に取り組み、現地での学習や壁画の制作、絵本の制作、首羅山サミットの開催など、地域への発信活動を行っている。子どもたちは、「本物体験」を通して「調べたい」「伝えたい」「守りたい」という思いを膨らませながら、自分たちが暮らす郷土への誇りや愛着心を培っている。

　また、「学びを広げ、心を育む読書活動」についても力を入れている。朝読書では、学校中がしんと静まり落ち着いた雰囲気で一日のスタートがきれている。週一回は自分のお薦めの本を紹介し合い、最も読みたい本を決めるという「ビブリオバトル」を行い、読書の量と質の向上を図っている。また、保護者や地域の方のボランティアによる読み聞かせを全学級年間十回程度行っている。

黙々と掃除をする山田小学校の生徒たち

■山田小学校

　山田小学校では、夢や目標に向かって共に学び合う、磨き合う、鍛え合う子どもの育成を目指している。

　そのために、学び合いでは、「腰ピン、足ピタ、一二三四五」の号令で授業を始め、腰骨を立てることで集中力を高めている。また、友達の話に体を向けて聞くことを徹底することで、支持的な雰囲気が生まれ、学習の理解が深まっている。このようなスタイルを「久山スタイル」と呼んでいる。

　磨き合いでは、笑顔のあいさつから始まる。運営委員会の子どもたちが玄関に並びあいさつをすると、登校してきた子どもたちが次々に並び、全員による笑顔のあいさつとなる。また、この笑顔のあいさつには地域の方も参加されている。山田小学校の朝はこのように始まる。また、掃除の時間の合い言葉は、「黙々掃除」と「己拭き」である。雑巾で床を拭くときに、己の文字を書くように拭く。黙々と掃除をすることで、友達の表情や様子から友達の気持ちを推しはかって協力して掃除ができる。

鍛え合いでは、三年生以上の子どもたちには万歩計が支給されている。万歩計を活用して「歩いて登校」の取り組みを行い、歩いた距離を記録している。これによって、子どもたちは親の送迎に頼らず粘り強く取り組む気持ちが育っている。

久山中学校の登校時の一礼

■久山中学校

久山中学校では、ふるさと久山を愛し、自ら意欲的に学び、心豊かにたくましく生きる生徒の育成を目指している。そのために、先生方の熱心な指導と、生徒と一体になった教育活動を進めており、生徒たちの高い学力水準と志望校への高い合格率、落ち着いた学校生活、学校行事などの充実という大変好ましい状況がつくり出されている。

また、初代校長・河邊謙太郎先生の「日本一の学校」への強い信念と意思を受け継いで、平成二十六年度から「日本一の校風づくり」を掲げ、確かな学力の向上、豊かな人間性の育成と共に、学校行事、生徒会活動、部活動の活性化に取り組んでいる。確かな学力の向上では、思考力・判断力・表現力の育成を目指して、言語活動を通した授業づくりの研究を進めている。また、町雇用の講師を活用して習熟度別学習や二人制授業の実施、毎日十分間の放課後学習や定期考査前の二十五分間の補充学習を行っている。

豊かな人間性の育成に向けては、道徳教育の推進をはじめ、生徒四訓「挨拶・清掃・言葉遣い・身だしなみ」の指導の徹底を図るため、「登下校時の一礼」や「黙働掃除」を行っている。また、朝のショートホームルームでの「一分間スピーチ」や「ふれあいスクール」との交流などの活動を継続して行っている。校風づくりに向けては、生徒会活動と部活動の両面から取り組むことで、機敏な動きで溌剌とした姿が感動を呼ぶ体育会、心をひとつに美しい歌声を奏でる文化発表会など、学校行事と学校生活の充実を図っている。

1

学校教育の取り組み①

道徳教育

久山町教育委員会教育課　髙武龍彦

学校教育における道徳の時間の取り組み

学校教育においては、幼稚園段階から高等学校段階まで、児童生徒の発達の段階に応じた道徳教育が行われている。久山町には久原幼稚園、山田幼稚園、久原小学校、山田小学校、久山中学校がある。各園・学校では、すべての保育活動・教育活動の場面で道徳教育が行われている。幼稚園では保育活動の中で、様々な遊びを通して「道徳性の芽生え」が培われていく。学校では、「道徳の時間」を要とし、教科、学校行事などすべての教育活動を通して、豊かな道徳性、道徳的判断力・実践力を培っていく。また、久山町は四十年近く町ぐるみの道徳教育を推進しており、幼稚園、学校では、久山町道徳推進委員会学校部会のテーマである「共に未来を創る」のもとに各園・学校での道徳教育の取り組み、特に「道徳の時間」の取り組みが行われている。ここでは、幼稚園は道徳教育にかかる保育の取り組み、学校は「道徳の時間」におけるそれぞれの取り組みを紹介する。

幼稚園

幼児期は、自分の行動について客観的に考えることや、善悪の判断がまだできにくい時期である。そのため、親や教師から認められたり、褒められたりすると、よいことなのだと考える。逆に注意されたり、叱られたり、拒否されたりすると、悪いことなのだと次第に知るようになる。先生や保護者など、周りの大人の様々な対応によって「してよいこと」「して悪いこと」などを判断しながら学んでいくのである。

運動会での組み体操。体操着には「忍」の文字が見える

幼稚園では、このようなことを踏まえて、家庭と連携しつつ、適切な働きかけを行い、好ましい道徳的な判断力や、善悪に対する好悪の感情の基盤となる「道徳性の芽生え」が培われるよう、繰り返し、丁寧に指導している。

また、久山町内の両幼稚園では、それぞれの学級での保育活動が中心となるが、保育の目的や内容によって年少児から年長児まででグループを作って行う異年齢での活動も行っている。同年齢、異年齢それぞれの子どもとの交流を通して、思いやること、自分の気持ちを抑え我慢すること、協力することの大切さなどを学ぶ。また、遊びを中心とした様々な活動の中で、相手とのやりとりを通して、自他を生かしつつ、相手の言うことに注意を払い、また、自分の思いを消すことなく、新たに気付いたことを大事にすることも学んでいく。

それでは、両園の具体的な取り組みを紹介しよう。両園ではすべての保育活動を通して「強い忍者」になろうという目標を園児たちにもたせ、保育活動を行っている。忍者のような素早い動き（体力）、忍者のような賢い判断（知力）、忍者のような優しい気持ち（心）を身に付けるための「修行」を園児たちに意識付け、保育活動を行っている。

「きゅうりを育てたよ」

運動会の取り組みを例に紹介する。運動会の競技は各年齢で行う競技、異年齢で行う競技など様々なものがある。それぞれの競技の勝利に向かって園児たちは日々「修行」をくり返していく。できなかったことにも最後まであきらめずに取り組み、練習を重ねることで、前回よりも上手になった、速くなったなど達成する喜びを味わう。また、達成したことに対して先生、他の園児、さらには保護者から褒められ、最後まであきらめずにがんばったことへの価値を深めていく。

このような道徳的な気持ちが生まれることにより、他者への思いも芽生えていく。自分ががんばって褒められた経験から、友達を励ましたり、応援したりなど他者に対する思いやりの気持ちも生まれてくる。また異年齢での交流では、自分より年下の園児を思いやったり、年上の園児にあこがれや尊敬、感謝の気持ちをもったりする。さらに心身の発達の状態が異なるので、競技によってはそれぞれの役割を意識して行動することも考えることができるようになるのである。

このように、様々な活動を経験することにより、先生、保護者から認められたり、褒められたりすること、さらに園児同士が認め合うことが、「道徳性の芽生え」につながっていく。

「みんなで仲良く遊ぼうね」

小学校・中学校

■道徳の時間

小学校・中学校の学習指導要領に示されている道徳の目標は、道徳的な心情、判断力、実践意欲と態度などの道徳性を養うことである。さらに児童生徒の発達の段階を考慮して、各教科、総合的な学習の時間及び特別活動などすべての教育活動で、道徳性を養うための取り組みを行っていく。その取り組みの要となるが「道徳の時間」である。

「道徳の時間」では、主に副読本や先生が作成した自作資料など読み物資料を通して学習することが中心になる。読み物資料の中には、「行うべき」か「行わないべき」かという道徳的な葛藤場面があり、児童生徒は、その読み物資料の中の主人公と今の自分とを重ねて迷ったり、判断したり、今の自分を表出したりする。また、友達の考えや判断を聞いて、自分との違いを知り、道徳的自覚をさらに深めていく。教師は、「道徳の時間」の中で、このような素直な児童生徒の心を表出させ、道徳的自覚を深め、道徳的判断力・実践力の素地をつくるために、発達段階に応じて様々な手立てを準備する。次頁の表は、その手立ての例である。

また、道徳の学習が終了した後、子どもたちがその学習でどのような道徳的な価値を見出したか振り

主人公になりきって

心情グラフを使って

友達と考えを比べ合って

■各学年段階での手立て例

小学校 →		→ 中学校
動作的表現活動	**映像的表現活動**	**創造的表現活動**
具体的（表現力に重点） →		→ 抽象的（思考力に重点）
具体的に表現され、強い共感や問題意識を喚起できるとともに創造性が養われる	図や絵の形、色、大きさ、動きなどの変化から、考えや気持ちを明確にできる	集団思考により、共感的理解と連帯感、自己表現力を高め、考えを深めることができる
● 動作化 ● 役割演技 ● 類似体験活動 ● ペープサート（紙人形劇）　など	● 心のものさし、心情円 ● 図化（ふくらみ、シーソー） ● 心情カード（快・不快など） ● 心情グラフ	● ペア対話 ● ディベート、立場討論 ● シンポジウム ● 価値比較図
・効果的な位置づけ ・役になりきらせる工夫 ・適度な演出と形式 ・協調的な雰囲気	・実態や発達的特質を考慮した方法の選択 ・子どもたちの主体的な方法の選択	・発達段階に応じた話し合い ・深める発問や助言を適宜行う必要性 ・話し合いの形態の工夫

返るための掲示物（道徳ふりかえりコーナーなど）も工夫されている。掲示物の中には、道徳の時間に書いた学習プリントなども掲示され、一人ひとりの子どもの考えが尊重されるよう工夫されている。

■他の教科との関連

小中学校における道徳教育は、要となる「道徳の時間」での学習をもとに、幼稚園同様すべての教育活動の中で、道徳性を養うことはもちろん、各教科などの教育活動で補充したり、深化したり、児童生徒が見せる成長や発達の様子、それぞれの段階の実態などを考慮して、適切に指導を進めなくてはならない。教科の教育活動で、児童生徒の道徳性をさらに深める久山町の小学校での特徴的な学習の例を紹介する。

両校の小学校三年生は、毎年総合的な学

習の時間に久山町社会福祉協議会が開催する「ふれあいスクール」に参加している。運動会や昔遊びなどを通して高齢者の方と交流する。また、中学校三年生の家庭科の学習では、幼稚園との交流を行う。実際に園児とふれ合うことによって、生徒の母性や父性を育むことが目的である。小学校三年生も中学校三年生もこの交流の前後で道徳の学習に取り組む。多様な人との直接的な関わり合いの機会を多くし、人間愛を根底とした思いやりや、親切な行為の意義を実感できる機会を作っている。身近にいる幼い人や高齢者との触れ合いの中で、相手のことを考え、優しく接し、具体的に親切な行為ができるようになる。

ふれあいスクールに参加した小学生

幼稚園児とふれ合う中学生

　また、久山町には、首羅《しゅら》山《さん》遺跡という国指定を受けた史跡がある。すでに総合的な学習の時間では、小学校の六年生が首羅山遺跡について毎年学習を行っている。この首羅山遺跡の学習に一時間、道徳の学習を取り入れた。歴史勉強会の方

歴史勉強会の方による首羅山遺跡の講義

首羅山遺跡の現地学習

や、文化財担当の役場職員から首羅山遺跡の素晴らしさ、保存にかける思いを直接聞くことにより、児童はふるさとの豊かな歴史、久山や日本の文化の発展に尽くし、伝統と文化を育てた先人の努力を知る。そして、自分の住む町にこのような遺跡があることに誇りをもち、自分もそのような素晴らしい文化を継承していこうとする心構えを育てる。つまり我が町久山に対する郷土愛を深めていくのである。

　このように、道徳の時間だけでなく、他の教科と関連させて、自分の身近な人、もの、ことに直接触れること、「本物体験」を行うことによって、道徳的な自覚を深め、実践的な態度を育てていくことができる。

■道徳実践交流会

久山町は、昭和五十二年の文部省（現文部科学省）道徳教育研究の地域指定・委嘱を受けたことを機に、家庭・地域・学校の三者連携による道徳推進運動を展開している。その中心となる組織が道徳推進委員会である。家庭部会、地域部会、学校部会の三部会があり、学校部会は各学校・園の校長先生、幼稚園教務主任、小中学校道徳教諭で構成されている。

道徳実践交流会の授業風景

公開授業後、熱心に協議する先生たち

学校部会は「共に未来を創る子どもの育成」をテーマに、各学校・園で道徳教育を推進している。昭和五十六年からは道徳教育研究公開授業（現在は道徳教育実践交流会）を開催し、それ以降、毎年担当の園・小中学校で授業公開、研究協議が行われている。

子どもの発達は幼稚園、小学校、中学校それぞれで異なる。授業公開、研究協議を行うことによって、それぞれの段階での道徳性の成長を幼稚園、小中学校の先生方全員が理解した上で、それに応じた教師の手立て、成長の系統性などについて協議を行い、それをもとに各学校・園でそれぞれ実践を重ねていくことによって、久山町の幼稚園、小中学校の子どもの道徳性の成長が促されていく。

＊

このように久山町の幼稚園、小中学校では、保育活動、教育活動すべてを通して、それぞれの子どもの発達に応じた道徳の学習を行い、道徳性を育んでいる。

2 学校教育の取り組み②

総合的な学習の時間

久山町立久原小学校教頭　安部憲司

久山町における総合的な学習の時間

■これまでの総合的な学習の時間について

平成十（一九九八）年度から始まった総合的な学習の時間。平成十一年には総合的な学習の時間と関連がある「伝統や文化を大切にする」という指導資料が文部省（現文部科学省）から出された。学校教育では、①豊かな人間性や道徳性の育成、②世界の人々から信頼される日本人の育成、③学校、家庭、地域社会の連携、という背景から、文化や伝統を大切にする心を育てなければならない、と記されている。しかしながら、学習指導要領の改訂にかかわり、総合的な学習の時間は授業時数が削減された。目標は明確に示されているものの、内容は学校の特色を生かした問題解決的学習に値するものとされており、学校間での温度差は否めない。ただし、先行研究で証明されたように「総合的な学習の充実は学力向上につながる」（文部科学省調べ）とされる。また、地域素材を活用した総合的な学習の時間の充実は自尊感情を高めるとともに、ふるさとへの愛着を育むのも事実である。そのような経緯のある総合的な学習の時間の充実に努めてきたのが久山町である。

首羅山遺跡見学。本物の遺跡、遺物に触れる

■単元「わたしたちの首羅山遺跡」ができた背景

久山町では、地域の「ひと・もの・こと」を教材に取り入れる総合的な学習の時間を進めてきた。両小学校とも五年生では、社会科の農業の学習内容と関連させて、地域、久山町遊働会の方や農協の方に協力していただき、米作りを中心とした学習を行ってきた。六年生においては、山田小学校は福祉の学習、久原小学校は環境の学習に取り組んできた。久山町という町は、自然豊かで、とても人と人とのつながりが深い町である。そこで子どもたちのふるさとを愛する心を育てるような、地域に誇りと愛着がもてるような活動を仕組みたいと考えて生まれたのが、単元「わたしたちの首羅山《しゅらさん》遺跡」である。久原小学校では平成二十一年度から、山田小学校では平成二十四年度から「わたしたちの首羅山遺跡」の学習に取り組んでいる。

■三つのポイント

久山町の総合的な学習は、未来の自分形成の基盤になるような学習を目指している。その学びをつくるためには三つのポイントがある。

①体験活動について

ゆたかな体験活動が学びを生む。その豊かさには三つの条件があると考えた。一つ目は、五感をゆさぶる本物の体験である。本物の遺跡、本物の遺物を目にして、さらにそれに触れることができるのであれば、子どもたちは自らの五感を使って、さらに大人の想像する以上にその事象に対しての思いをめぐらすことだろう。

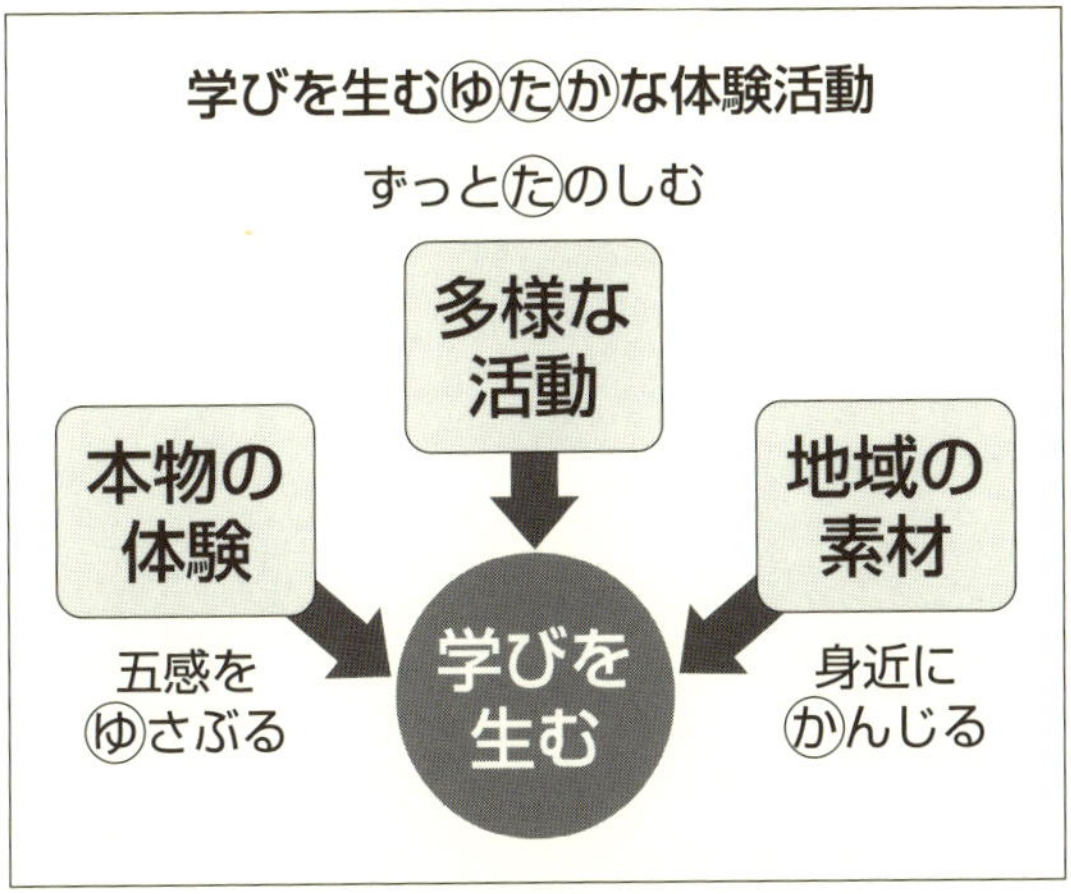

二つ目は、ずっと継続的にたのしむことができる多様な活動である。体験活動や追究活動の中で多様な活動を設定することができれば、様々な観点から問題解決を試みることができ、何より単元の価値を高めることができる。そうすることでマンネリ化を防ぐことができるだけでなく、単元自体が発展していくことになると考える。

三つ目は、やはり事象を身近にかんじることができる地域素材を活用するということである。特に、今回のように歴史的事象を取り扱う場合は、小学校の子どもたちに空間的、時間的な隔たりがある歴史を、いかに身近に感じさせるかがカギになってくる。その身近に感じる体験はやがて追究したり、発信したりするときのエネルギー源になっていくのである。以上のように自分形成につながるような学びを生むためには、㋒㋟㋕な体験活動がキーワードになってくる。

②指導体制について

学校だけではできない取り組みも、地域との協力によって可能になる場合がある。そこに、各市町村の教育委員会など、行政が入った三位一体の体制をつくることによって、よりダイナミックな取り組みが可能になるといえる。しかし、他地域の教育委員会の方に聞いたことであるが、「先生方は多忙感を抱かれていることがあり、学校行事も多くある。地域や家庭とのバランスをとる必要がある。なかなか学校の先生方に新たな取り組みをお願いすることは難しい。そういう意味では、学校はとても敷居が高い」とのことだった。しかし、学校も行政も地域も、子どもの成長を望むことではベクトルは同じである。互いに手を伸ばしているはずで、学校教育の中のどこにどのような切り口で共通点を見出すかが大切であると考える。それが久山町の場合は、首羅山遺跡だったというわけだ。

久山町では、二小学校一中学校の教育環境ということで、毎年幼稚園も含めて合同の研修会や懇親会を教育委員会主催のもと行っている。また、教師や児童生徒が久山町歴史文化勉強会に参加することもある。常に学校・行政・地域が互いに情報を交換し、子どもたちの状況を報告し、新しい取り組みはないか、模索している。

③学習過程について

この単元を進めるに当たっては、あえて演繹《えんえき》的な学習過程を組んでいる。首羅山遺跡の特徴として、歴史的な価値があることは間違いないが、まだまだ調査中の部分が多く、小学校高学年の子どもたちにとって、出てくる言葉も含めて事象自体を理解することは難しいものであると言える。そこで、導入の段階で首羅山遺跡の価値を子どもたちが捉え、豊かな体験活動を通して子どもたちがその価値を証明し、実感していく。そして、その価値を知った子どもたちは「知らせたい、伝えたい」という気持ちが高まっていく。そのタイミングで表現活動を設定し、「守りたい、受け継ぎたい」という故郷を愛する心へと高めていくという過程をたどるわけだ。子どもの問題解決への意識の流れを大切にしながら、総合的な学習の時間としても効果的な学習過程であると考える。

単元「わたしたちの首羅山遺跡」のスタート！

具体的な「わたしたちの首羅山遺跡」の実践

■導入段階の授業

導入段階では、首羅山遺跡のことをもとに、歴史に対する見方や考え方について指導する。

「歴史は新しい」

歴史は、過去の出来事なのに新しいのである。毎年全国のどこかで新しい発見があり、歴史は塗り替えられる。

「歴史はおもしろい」

どんな人でも追究すると新しい発見が得られる。歴史の専門家ではなくとも、興味をもって調べると新しい史実に出会うことがある。自分なりに想像を膨らますことだってできる。

「歴史はありがたい」

どんな価値高い遺跡があったとしても、世の中には戦災によって焼失したものや自然災害、時にはテロリストに破壊されたものまである。それなのに、久山町の首羅山遺跡は、首羅山という山がこの山林寺院跡などをだき抱えるように保存し、現在の私たちに何かを伝えようとしている。そして、いま私たちがここにいて、学習している。まさに奇跡である。

「歴史はすばらしい」

平成十七年から調査が始まったこの遺跡、平成二十年から始まったこの学習、わずか数年で国指定を受けるまでになった。指定が早まった理由の一つとして、もちろん教育委員会の取り組みがあるが、そこに地域の方々の努力、そして何より子どもたちの学びが「ふるさとを愛する気持ち」にまで高まっていることがあげられる。私たちがこの遺跡を大切に取り上げ、守ってきた、だからこの学習の単元名も「わたしたちの首羅山遺跡」なのだと、ある種たたみかけるようにこの首羅山遺跡との出会いを設定するわけである。その価値を知った子どもたちは、「すごい、知りたい」という気持ちになっていく。

そこで、子どもたちは、ゆたかな体験活動へと突入していくわけである。体験活動では、教育委員会、歴史文化勉強会の方に遺跡の概要を説明していただき、見学に行く。平成二十五年度から山田・久原両小学校合同での見学を行っている。少しだけ触れることを許してもらった子どもたちは、少し触ったり、じっーと見たり、においをかいでみたりと、まさに五感を使って観察していた。説明していただいた内容を念頭に見学を行うので、子どもたちはその価値を「本当だ！」と実感したり、「もっと知りたい！」と追究意欲を高めたりしていくのである。

■平成二十年度

平成二十年六月二十三日に久原小学校六年生において、社会科見学の一環として地域の史跡巡りを行ったのが「わたしたちの首羅山遺跡」のきっかけである。社会科の学習は小学校三年生から始まるが、取り扱う事象は学年が上がるにつれて子どもの生活範囲から遠ざかっていくことになる。特に、六学年で学習する歴史は、時間的、空間的に子どもたちと隔たりがあり、過去の事実を暗記する学習に陥ることもまれではない。そこで、学習対象をより身近に感じさせることが子どもたちの学習意欲を高め、先人の生き方から自分形成へつながる何かを得るためにも重要だと考えたのである。

教育委員会・江上さんと子どもたちとの出会い

学校の教員だけではなかなか見学を設定することが容易ではないため、久山町教育委員会へ協力を要請したのである。すると、教育委員会の方も快く引き受けてくださった。実際の見学では、校区の史跡巡り、お寺、神社、古銭発掘地に行った。史跡巡りといっても、いきなり首羅山遺跡に行ったわけではなく、

初めての中久原史跡巡り

久山町に今も残されている庚申塔《こうしんとう》の説明から入った。塔に込められた意味や庚申の日の昔ながらの過ごし方などを聞き、子どもたちは驚いた。自分たちの通学路のあちらこちらに歴史の産物が存在しているということを示すことによって、歴史というものを身近に感じさせたかったからである。さらに中久原にある龍興寺《りゅうこうじ》に訪れた。住職にお寺の概要を説明していただき、古くから伝わる地獄絵巻を特別に見せてもらった。

さらに、九州国立博物館に展示してある十万枚以上の古銭が発掘された場所を訪れた。前もって久山町教育委員会の江上智恵係長にコンタクトをとってもらい、土地所有者の今任信雄氏に子どもたちを迎え入れてもらった。大正時代に建造物をつくるために庭を掘ったところ、大きな甕《かめ》が出てきて中に古銭が入っていたという。何のためにそこに埋められ、残されているかは謎のままである。状態のいい多くの古銭は博物館に展示されているが、今任氏所有の古銭を実際に見たり、触ったりさせてもらった。ガラス越しではなく、実際に本物に触れることができ、子どもたちはふるさとの過去に思いをはせていたようである。最後に三輪神社を訪れ、首羅山遺跡との関連が推測される鍵の話を聞き、首羅山遺跡へのいざないとなった。

左頁に掲げたのは、終末段階での子どものノートからの抜粋である。「久原だけの特別な歴史」「次は、私たちが守っていくばんだ」という言葉がつづられている。身近な「本物体験」をしたからこそ出てきた子どもらしい言葉である。

しかし、カリキュラムにはまだ入れていなかったため、首羅山遺跡の一般見学会に希望者の六年生と一緒に参加した。山中の遺跡にしては見学希望者が多く、子どもたちは驚いていた。ただ見学者は高齢の方が多く、子どもの参加はほとんどなかった。この時点ではまだ調査中の場所が多かったが、教育委員会の方は調査結果がこれから注目を浴びることを確信されていたので、調査の進行と並行して子どもたちの学びが創り出されることを期待せずにはいられなかった。

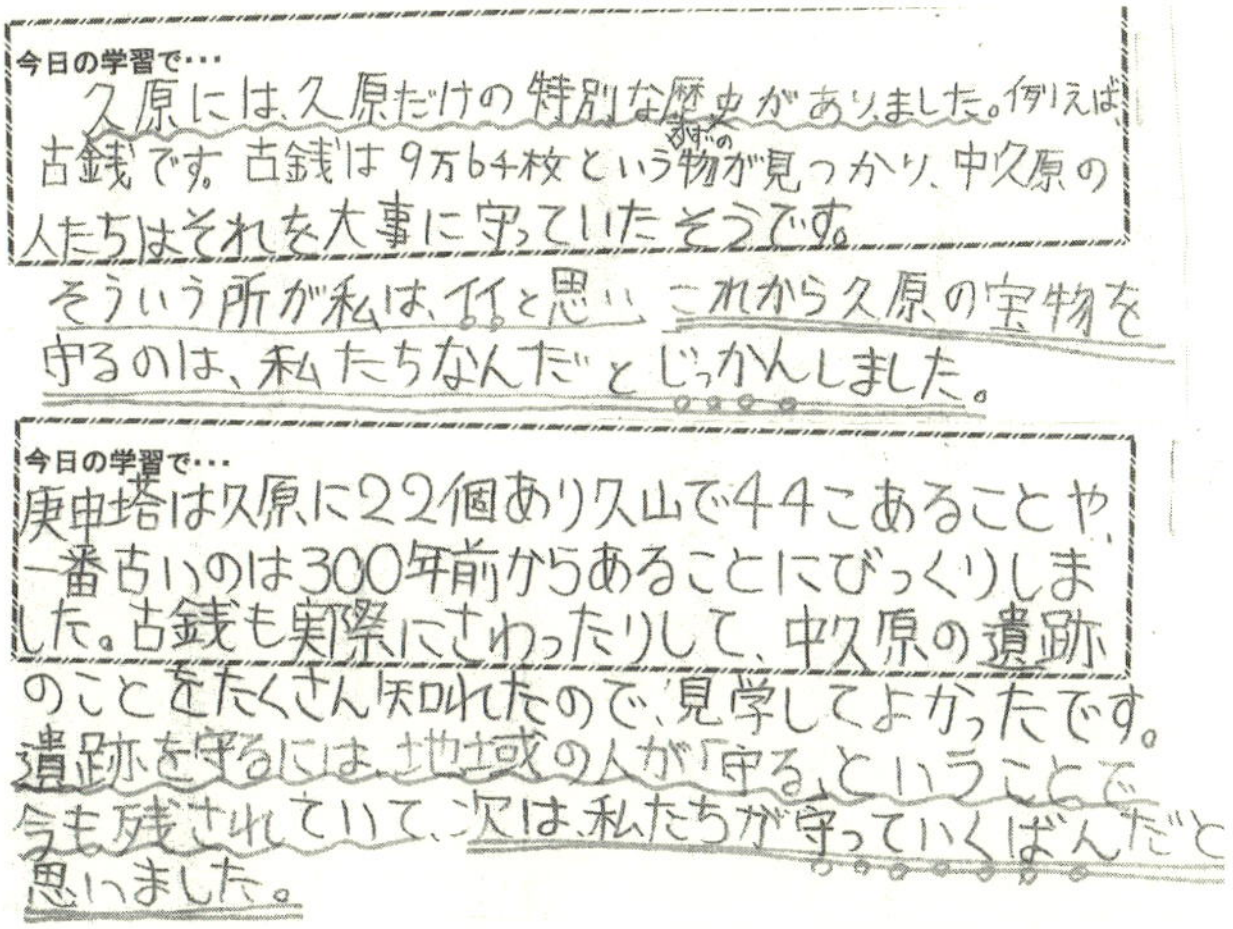
今日の学習で…
久原には、久原だけの特別な歴史がありました。例えば、古銭です。古銭は9万6千枚というかずの物が見つかり、中久原の人たちはそれを大事に守っていたそうです。
そういう所が私は、すごいと思い、これから久原の宝物を守るのは、私たちなんだとじっかんしました。

今日の学習で…
庚申塔は久原に22個あり久山で44こあることや、一番古いのは300年前からあることにびっくりしました。古銭も実際にさわったりして、中久原の遺跡のことをたくさん知れたので、見学してよかったです。遺跡を守るには、地域の人が「守る」ということで今も残されていて、次は、私たちが守っていくばんだと思いました。

ノートに書かれた子どもたちの感想

■平成二十一年度

平成二十一年には、久原小学校において総合的な学習の時間に、初めて首羅山遺跡を中核においた、ふるさとのよさを追究していく学習をカリキュラム化して実践を始めた。この年、単元名「わたしたちの首羅山遺跡」が生まれた。

首羅山遺跡は、久山町の特色になり得る素材ではあるが、社会科学習の中に位置づけるには前述のように未知の部分が多く、何より学習指導要領の内容との関連が十分ではな

「わたしたちの首羅山遺跡」壁画

いことは明確だった。そこで、首羅山遺跡を中心に、問題解決的な学習の流れを設定することで総合的な学習の時間として取り扱うようになったわけである。活動の内容としては、前年度の中久原地区の史跡巡りに加えて、首羅山遺跡の見学を六年生全員で行い、映像での記録も始めた。本谷地区の基壇《きだん》の発掘場所で実際の調査の過程を説明してもらったり、薩摩塔を間近に見ながら説明してもらったりしたことは、子どもたちの知的好奇心をくすぐり、感動を呼び起こした。見学中の子どもたちからは、調査までのいきさつや調査中の発掘に関することなどについて、質問や説明を求める要望がなされた。このような「本物体験」により、図鑑や教科書では味わえない感動を味わうことができた。

そして、この年の卒業制作として「わたしたちの首羅山遺跡」壁画を作成した。この総合的な学習で触れた史跡や聞いた話を五枚の壁画に表現した。その中央には、六年生全員の顔と、お世話になった教育委員会の江上氏、歴史文化勉強会の相良彰四郎氏の顔が描かれている。

子どもたちを中心に、この学習を取り巻く人との関わりが広がり、「本物体験」が設定でき、この学習のアウトラインが体系化された年であった。

■平成二十二年度

平成二十二年度は、カリキュラム化して二年目になり、子どもたちの活動の内容を広げようと、新たに本谷地区の瓦を使った拓本作成活動を取り入れた。本谷地区に行けば足もとに当時の瓦はごろごろしているが、持ち帰ることはできない。そこで、拓本を作成することで見学した証《あかし》を残すことになった。足もとに落ちている瓦は簡単に触ることはできるが、それが五百年以上昔のものであることを聞くとたちまち、その瓦の意味は重くなる。そのように説明を聞くと瓦を触るだけで、子どもたちはこの学習活動が価値ある活動であることを認識する。

拓本制作活動では、瓦を一人一人が丁寧にブラシで洗い、専用の墨を使って和紙に写し取っていった。触ることができるだけでも貴重な体験となるが、それを洗ったり、型を写し取ったりすることは、子どもたちにとっても価値ある体験となった。最初は、なかなかうまくいかないものの、瓦の文様がきれいに写し取られると子どもたちは満面の笑みで気持ちを表現していた。

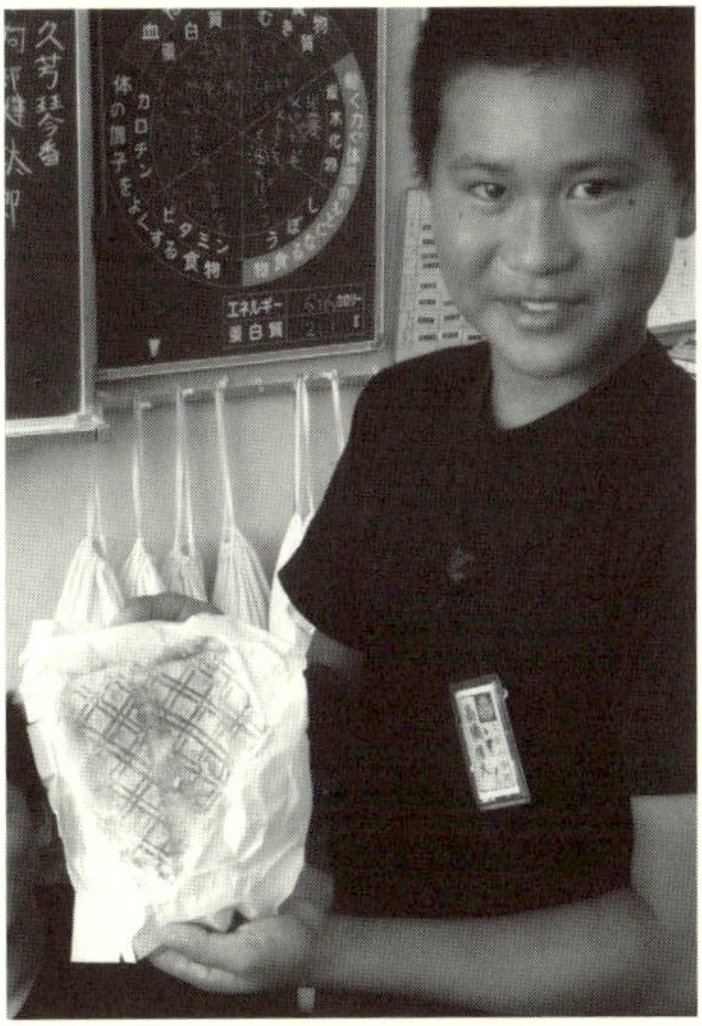

首羅山遺跡の瓦の拓本

子どもたちの発案で本谷地区の清掃作業を行った

■平成二十三年度

　平成二十三年度は、単元も充実期に入り、さらに見学範囲を広げていった。前年度から調査が本格的に始まった西谷地区や上久原地区の見学を取り入れた。西谷地区はまだ全貌は明らかにされていなかったものの、石垣があったり、池の跡が見られたり、子どもたちが想像するだけの材料は十分にあった。また、身近な見学範囲についても拡張したいと考え、上久原地区を取り上げることになった。上久原にも、中久原に劣らず色々な見学場所を設定することができた。乙宮《おとぐう》とその中にある古墳を訪れたり、頭光寺《とうこうじ》に行ったりすることができた。その後も雀藪《すずめやぶ》と山ノ神古墳に行った。山ノ神古墳では、子どもたちはまだ残っている石室に入ることができた。

　年度末には、子どもたちが、首羅山遺跡などで自分たちに何かができるのではないかという発想で、本谷地区下の清掃作業に取り組んだ。毎年久原小学校の卒業生は卒業式が近づくと、愛校作業として校内やその周りを磨く活動を行ってきた。その一環として清掃作業を申し出たのだ。イコバス（コミュニティバス）を活用して白山《はくさん》神社付近まで道具を持っていき、持ったまま本谷下まで登っていく。そこは舗装されているものの、木々の落ち葉で埋め尽くされていた。そこを丁寧に松葉ぼうきで掃き、すべての落ち葉を除去したのだ。

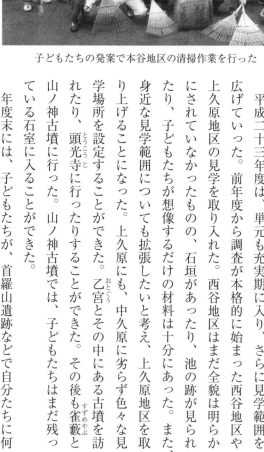

さらに、首羅山遺跡マップも作成して、パソコン室横の壁に掲示した。次の六年生に活動をつなぎたいという思いから、マップを半分完成させずに残した。さらに、この年の卒業制作の一部にも、テーマは「久山の宝」ということで、薩摩塔や経筒《きようづつ》のデザインを取り入れたステンドグラス調の絵を作った。子どもたちが地域の方から「宝」として首羅山遺跡を引き継いでいるイメージの絵だ。

■平成二十四年度

平成二十四年度には、山田小学校でも六年生の総合的な学習の時間に単元「わたしたちの首羅山遺跡」が始まった。

山田小学校校区にも子どもたちが見学する価値のある史跡が多い。一番身近な場所が学校に隣接している斎宮《いつきのみや》である。聖母屋敷《しようもやしき》という地名も残っている通り、『日本書紀』に記載がある、神功皇后が夫である仲哀天皇の死を悼み喪に服した場所とされている。久山町には下山田に黒男《くろどん》神社があり、神功皇后のために尽力した武内宿禰《たけうちのすくね》を、武渟川別命《たけぬなかわわけのみこと》の子孫である阿部氏が祀る宮である。その阿部氏の子孫が山田小学校に在籍しており、しかも当時六年生ということで、見学の際に斎宮の宮司さんから「君が武渟川別命の子孫だよ」と指摘され、大変喜んでいた。山田小学校の六年生は、これまで自分たちの遊び場となっていた学校隣りの神社が、神功皇后のゆかりの地であることを聞くことで、価値ある史跡へと見方を変えていった。また、管理されている國崎正彦氏の厚意で審者《さにわ》神社にも参らせていただいた。見学を重ねている子どもたちは、こちらが指示するまでもなく、すでに学び方を身につけていて、神社に着くと隅々までしっかりと五感を使って観察したり、國崎氏に積極的に質問したりして、その神社の価

粘土で薩摩塔を作成

山田・久原両小学校合同で開催した「首羅山サミット」

値を確かめていった。境内にある樹木の形状から神社の建立時期を想像するなど、大人が驚くほどの観察力だった。

見学の他、発展的な活動として、校舎石碑マップ、校区史跡マップを作成した。学校の周りには先人が大切にしてきた石碑、石塔がたくさん残されている。そこに目を付け、それをマップにして保存した。さらに、発信していく一つの方法として久山歴史百科事典「ヒサペディア」を作成した。インターネットで子どもたちも活用する「ウィキペディア」にヒントを得て、毎年情報を更新するタイプの百科事典を作成した。

それから、歴史文化勉強会のみなさんに教えてもらいながら、薩摩塔の粘土作成も行った。一つひとつ表情の異なる薩摩塔を作成していった。

同じ年に久原小学校では、首羅山遺跡のことを深く理解したり、外へ向けて発信したりするためのグループを作り活動した。その中では、劇にして久山の昔を表現したグループや、この学習を通して学んだことをもとに歌を作ったグループもあった。当時の六年生担当の西田章子教諭と歌作成グループによって「首羅山いつまでも」という歌が完成した。

首羅山いつまでも

作詞　久原小学校歌グループ
作曲　西田章子

みんなの希望つながれて
日本の宝になった今
みんなの努力が実をむすび
千年の歴史がよみがえる
自然の中ぼくらは出会い
この首羅山と生きている
ありがとう首羅山
いつまでも

魂やどる薩摩塔
きれいにするよ白山神社
かならずみんなで助け合い
伝統つないで守りぬく
久山町を見下ろして
この首羅山は生きている
いざ進め首羅山
いつまでも

この単元の終末段階では、このような豊かな体験活動を重ねた子どもたちが、首羅山遺跡のことをもっと知らせたい、伝えたいという気持ちをもっていく。そこで、発信する場を設定した。三学期には、両小学校合同で「首羅山サミット」を開催した。それぞれの学校の首羅山遺跡を中心とした取り組みを紹介し合い、これからどのようにして発信していくかを話し合った。そして、久原小児童によって作詞された曲「首羅山いつまでも」を町民共々に歌うことができた。シンポジウムでは、両小学校の六年生の他、歴史文化勉強会の方、久山町教育委員会から中山清一教育長が参加した。六年生の子どもたちから出た言葉は、大人が考える以上のことで驚くばかりだった。首羅山山頂がちょうど久原小校区と山田小校区の境目になっており、まさに首羅山が二つの小学校をつないでくれていることが、代表の六年生児童の口から出たのは驚きだった。歌詞にも首羅山遺跡のことをだれかに伝えたいという思いが込められている。

首羅山遺跡国史跡指定記念イベントでのパネルディスカッション

このように伝える場、発信する場を通して、子どもたちは、自分たちが守りたい、受け継ぎたいという気持ちへと高まっていくのだ。

一つの町で、両小学校の子どもたちや各団体の代表がこのようなことでサミットを開催することは、非常に画期的で価値のある取り組みであると感じた。

■平成二十五年度

平成二十五年度には、両小学校の合同で首羅山遺跡見学を実施した。両小学校で取り組むことで、体験活動の多様性がさらに広がった。

平成二十五年三月二十七日、とうとう念願叶って首羅山遺跡が国指定史跡になり、これまでの子どもたちの首羅山遺跡との関わりを中心に、尾登憲治氏による映画の制作も行われた。ナレーターを両小学校の六年生が担当した。内容はこれまでの首羅山遺跡を中核においた学びの記録で、本格的な音響設備を使っての制作になった。完成した後、山田小校区、久原小校区の公民館などで試写会を行い、多数の町民に見ていただいた。

十月五日には、東儀秀樹氏を招いて、首羅山遺跡国史跡指定記念イベントを開催した。その中で、両小学校の六年生、久山中学校三年生が参加してパネルディスカッションを行った。歴史文化勉強会の相良氏、久芳菊司町長にもパネリストとして参加していただいた。小中学生の子どもたちは、これまでの首羅山遺跡を中心においた学習の足跡とそこで学んだことについて発表し、これからどのように発展させたいか方向性を訴えた。首羅山遺跡を久山町の観光の中心にして、食べ物や文具の商品化に活用したり、薩摩塔の日を設定してイベントを開催したりするという子どもならではの発想が出され、有意義なものになった。イベントは雨天にもかかわらず、町民二千名以上の参加で盛大なものになった。

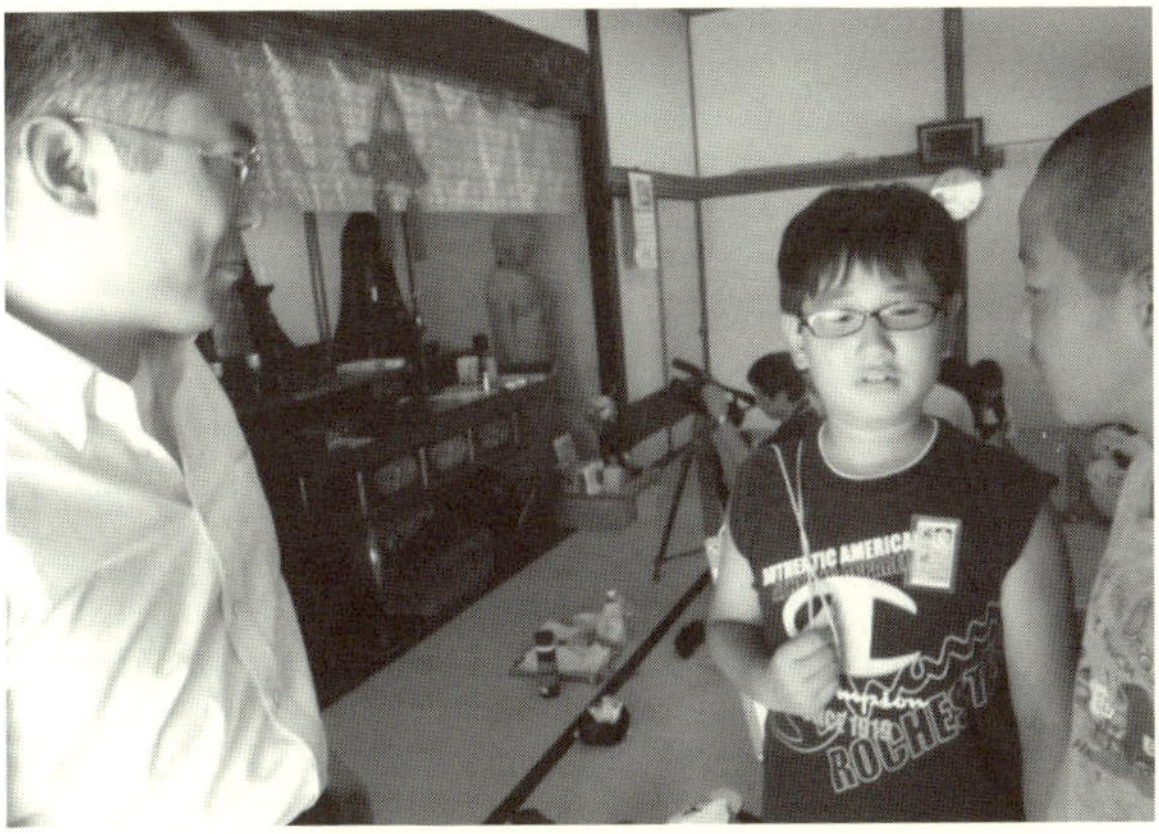

清谷寺見学。仏像について、九州歴史資料館の井形進氏（左）に説明していただいた

活動については、上山田史跡巡りの内容に、清谷寺《せいこくじ》見学を加えた。お寺は山田小学校から徒歩三分程度のところにあり、首羅山遺跡との関連も伝えられている。中にある仏像については、九州歴史資料館技術主査である井形進氏を招いて、説明していただいた。子どもたちにとっては、専門的な知識とロマンを語れる井形氏は待ちに待った存在だった。さらに、年に一度の鎌倉時代からの仏像のご開帳にも参加させてもらった。井形氏の説明などの影響で仏像に対する見方を深めていた子どもたちは、木造の仏像をだまってみていた。

この年は、山田小学校横にある尾園口《おぞのぐち》遺跡の発掘体験もさせてもらった。次年度には区画整理のため道路や建物の下に

完成した絵本を満足そうに読む６年生の子どもたち

埋もれてしまうということで発掘調査が急がれていた。そんな中、作業員の方に教えていただきながら少しずつ地面の表層を削っていった。すると、白磁、鉄、土師器《はじき》などのかけらが出てきて、中世の久山に思いをはせながら、とても貴重な体験となった。さらに、この年も、人との関わりも体験活動も多様なものになっていった。

■平成二十六年度

平成二十六年度についても新しい取り組みをした。単元の導入段階で首羅山遺跡の価値を知った子どもたちは、さらにお年寄りやもう少し小さい子どもにも伝わるような方法はないかと考え、今に伝わる伝承を絵本にすることにした。具体的には、首羅山遺跡の開山伝承を両小学校で分担し、大人向けに作ってある説明文を、辞書を使ったり、学級の友達と話し合ったりして、子どもたちでもわかるような言葉に書き下していった。それと同時並行的に、見学に行った後に分担した絵本の絵を地域の方、安河内久美子氏から教えていただきながら描いていった。細かな部分を表現するため、もう一度現地を見てみたいという子どもたちは、さらに一般見学会にも自主的に参加して観察した。完成間近になり、題字についても、子どもたちが筆で書いた字をいくつか組み合わせて作り、表紙のデザインも話し合って決めた。最後にこの絵本にかかわった人全員の似顔絵を最終ページに載せ、「だから『私たちの首羅山遺跡』なんだ」と、話を締めくくった。そして、三学期半ばにはハードカバーの絵本が完成した。まず両小学校ともに完成した絵本を教育委員会の方や歴史文化勉強会の方から手渡ししていただいた。次にその報告を、久山町町長に子どもたちから絵本を手渡すことで行った。最後に五年生以下の下級生全員に六年生が教室までおもむき直接手渡した。その絵本を楽しそうに読む下級生の顔を見て、六年生にも達成感の笑顔があふれていた。

博報賞贈呈式にて

■博報賞、文部科学大臣奨励賞受賞

平成二十六年、久山町の山田・久原両小学校で取り組んでいる総合的な学習の時間「わたしたちの首羅山遺跡」が、博報賞と文部科学大臣奨励賞を受賞した。学校・地域・行政の三位一体で取り組む「本物体験」が、子どもたちのふるさとを愛する心の育成に効果的に作用したと評価されたものである。この受賞を皮切りに、多方面へこの学習について発信していった。その結果、様々な場面でこの学習を取り上げていただいた。周りの評価を目の当たりにし、子どもたちはそれだけ価値のある学びをしていることを再認識する。黙々と実践することも大切であるが、積極的にこちらから発信していくことも、とても大切なことである。新聞や雑誌、テレビの中でも久山の子どもたちは輝きを見せていた。久山というふるさとで学ぶことへの誇り、「久山プライド」が子どもたちの胸の中に躍動した姿であった。

キャッチコピーを持ち寄っての検討会

これからの首羅山遺跡の学習

■平成二十七年度以降

平成二十七年度も、すでに両小学校において新しい取り組みを始めている。伝える対象をもっと広げていこうと、ホームページの内容作成に取り組んでいる。久山町役場の魅力づくり推進課の方に協力してもらいながら作成する。子どもたちはアピールしたい遺跡などの写真にキャッチコピーを付け、シンプルでインパクトのある作品を作っていく。これもその年ならではの活動になっていく。

アイデアは尽きない。絵本の英語版を出そうとか、音楽とのコラボレーションを作ろうとか、これからも人とのかかわりも体験活動も広がっていくことになるだろう。その都度、教師と子どもと地域、行政と一緒になって考えていくのが久山町である。

■これからの課題

このような自分をつくる学びはなくしてはならない。そのためには、三つの課題がある。

一つ目は、学習内容の充実、発展を図っていかなくてはならないということだ。毎年変化のないような学習ではマンネリ化してしまい、単元自体がさびていってしまう。毎年新しい要素を、教師や子どもたちの発想の中から学習へと具体化していくことで単元としての幅を広げていくことになる。

二つ目は、周りの人からの理解を得る努力を怠ってはいけないということだ。一人の教師がその年だけ取り組んでも、周りからの理解と協力がないと続けてはいけない。様々な機会を見つけては、取り組みの内容と子どもたちの変容を報告し、特に成果の部分については学校全体で共有していく必要がある。また、地域の方にも、保護者にも、学習発表会など発信する場で学習のまとめを発表していくことも大切だ。

三つ目は、指導体制の強化もしていかなければならないということだ。特定の教師だけが取り組んでも、消滅してしまう。価値ある学びならば、各学校にこの学習を継承していく核となる人材を育成し、体制の強化を図ることが必要だと考える。

この単元はまだまだ終わりではない。毎年新しい活動を生み出すこの首羅山遺跡は、今年も学習素材としての底を見せておらず、大変魅力的な遺跡である。この遺跡の魅力にとりつかれた町民や子どもたちが、この学習を介してつながっていっていることは事実である。

私が見た久山町 5

久山町立久山中学校三年
阿部啓伍

久山の歴史。それは、私たちが受け継ぎ、後世へと伝える、かけがえのない歴史である。

ここは、福岡県の糟屋郡に属する、久山町のとある学校である。平成二十五（二〇一三）年某日、久山町の中の小学校二校による、合同登山研修が行われた。標高二八〇m余りの小さな山だが、険しい道も存在する山である。

その山の名を、首羅山《しゅらさん》と呼ぶ。

書物『首羅山由来』によると、白山権現が百済から乗って来た虎が、解放された故に村人と出会ったのだ。乗り捨てられた虎の猛威を恐れ、殺してしまったところ、首が光を放ち、村人が羅物を掛けたことが、現在の名前の由来だそうだ。

今度、その首羅山に登る訳だが、登山の辛さは予想をはるかに上回っていた。足場が安定せず、傾斜も厳しい。小学生の私たちは、所々大きく息を吐きながら登った。一時間程度登ると、「墓《はか》の

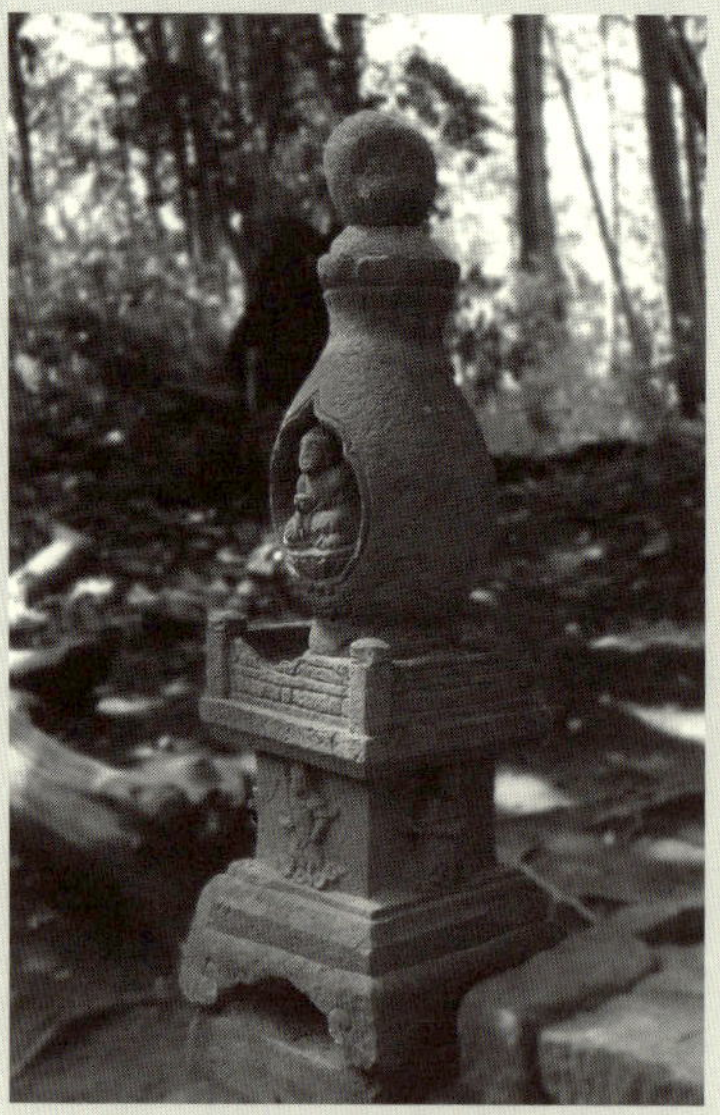

首羅山遺跡の薩摩塔

尾《お》」と呼ばれる墓地群へと出た。そこには、「鏡岩」と呼ばれる巨大な岩があり、そこら一帯に墓地が広がっており、中には文字が表記されていることが分かる板碑《いたび》も存在する。少し歩くと、「滑《かっ》石《せき》製石鍋製作跡」が見えた。当時、ここで鍋が作られていることにも驚きであったが、それよりも私たちは、鍋の価値に驚いた。当時は鍋四個で牛一頭という高級品だったことに興味を持った。そこからしばらく歩いて行くと、数十段もの石段が。それをすべて登り切ると見えてくるのが——。

斎宮の宮司さんに質問する阿部君

左右に置かれた宋風獅子、その奥に聳える一対の塔。その名は「薩摩塔」。下部には四天王が祀られており、塔の形もこれまた独特である。中心には石祠が鎮座しており、昔、十五間四面の建物があったと伝えられている。これは、首羅の山頂上まで登ったからこそ見られる光景である。この景色を見れたからこそ、自分で登頂した、という感情・達成感が味わえたのではないか、と思う。

「私たちの首羅山遺跡」。この言葉を皆が口にできるように、そしてこれからも譲り、育み、伝承されるような首羅山遺跡であるように——。そんなことを願いたい。

今回、私たちが見て、触れて、考える体験ができたことを誇りに思う。そして、これからも、積極的に首羅山と向き合っていきたい。あの言葉が伝説で終わらぬように——。

3　社会教育の取り組み

久山町教育委員会

延べ一二〇〇人以上が参加している地域通学合宿

■はじめに

今日、我が国では、少子高齢化・都市化・情報化の進展など社会が成熟する中で、教育をめぐっては、家庭や地域の教育力の低下、子どもの意欲や学力・体力の低下、問題行動など多くの課題が指摘されている。

かつては、大人たちが特に考えるまでもなく、何もない中で子どもたちが自分たちで遊びの環境を作り出してきたが、その遊び場もある程度は提供していくことが望まれている。また、少子化や、子どもを狙った犯罪などの影響で、外遊びの機会が減り、一人で遊ぶゲームの時間などが増え、地域との関係や学年の異なる子ども同士で遊ぶ機会が減ってきている。

このような状況の中、子どもたちに不足しがちな生活体験・活動体験を補ういろいろな取り組みが行われ、その一つに地域通学合宿があげられる。

■通学合宿とは

子どもたち（小学生）が地域の人々の協力を得て、公民館などの公共施設を活用し、一定期間（二〜七日間）寝泊まりし、炊事や洗濯などを自分たちの力で行い、学校に通う活動である。参加する児童は、自分たちの食事を作り、食べて、後片付けをする。寝る前に寝具を整え、起きたら整理・収納する。自分たちが生活する部屋の掃除も行う。

異年齢の子どもたちが、共同生活をする中で、自分の考えを正しく伝え、集団の中で上手に人間関係をつくる経験を積んだり、地域の方たちとの交流で社会的なルールを身につけたりする機会になる。

■久山町の通学合宿

福岡県の委託事業として、平成九（一九九七）年度に町全体で「久山町わくわく通学合宿」が行われた。福岡県教育委員会・久山町教育委員会・久山町わくわく通学合宿実行委員会（ＰＴＡ、子ども会育成会、婦人会、青年団、小学校で構成）の主催で、久原《くばら》小・山田小の四年生から六年生を対象に久山会館で、六泊七日の日程で行われた。その後、かみじ会館や農村センターと実施会場を変えながら、この形で平成十三年度までの五カ年行われた。平成十四年度からは、猪野分館・下久原分館の二つの地域で、地域通学合宿として開始されることとなった。

久山町通学合宿の様子

開所式

ラジオ体操

通学

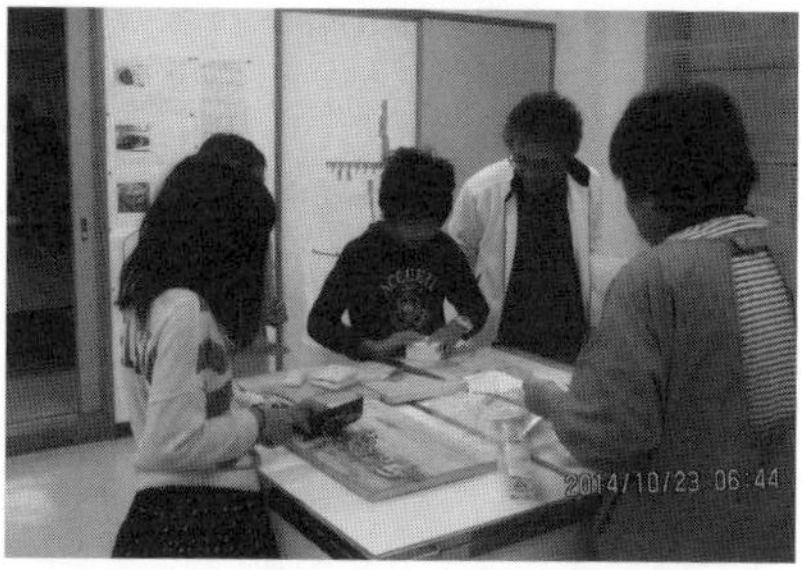

食事づくり

食事

片づけ

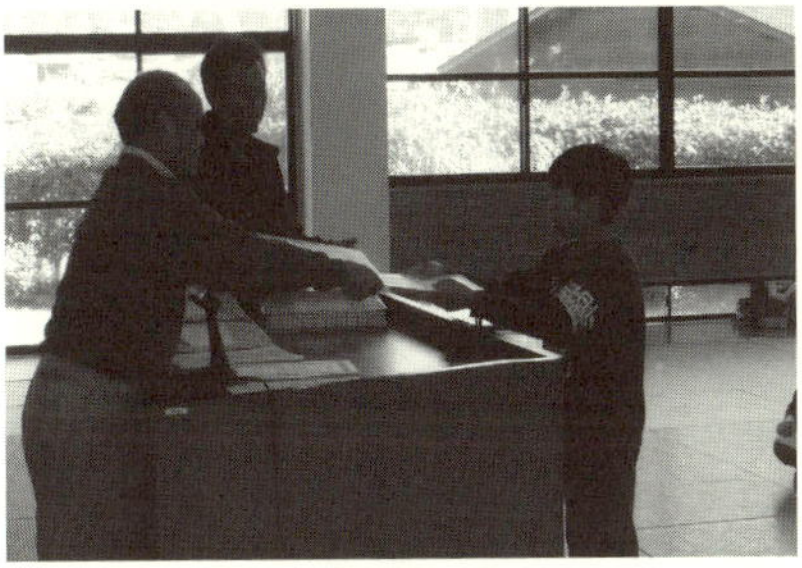

閉所式

閉所式

竹とんぼづくり

かかしづくり

水辺の生態系調査

読み聞かせ

座禅

研修会

■通学合宿の現在

現在は、各地域の分館役員を中心に、自主的に地域通学合宿を実施してもらっている。分館主事会では、できるだけ、学校や子どもたちの習い事などとの調整を行いやすいよう通学合宿の日程を統一したり、町内に一つしかない大型入浴施設の入浴時間の調整をしたり、情報交換したりと、よりよい通学合宿になるよう活動してもらっている。

久山町通学合宿実施状況
（内容は右から日程・場所・参加人数）

年度	内容
平成9	6月7日～14日（7泊8日） 久山会館 31名参加
平成10	9月6日～12日（6泊7日） かみじ会館 19名参加
平成11	9月5日～11日（6泊7日） かみじ会館 16名参加
平成12	9月3日～9日（6泊7日） 農村センター 18名参加
平成13	9月16日～22日（6泊7日） 農村センター 20名参加

年度	地区	内容
平成14	猪野	9月11日～14日（3泊4日） かみじ会館 11名参加
	下久原	9月18日～21日（3泊4日） 下久原公民館 9名参加
平成15	猪野	10月16日～18日（2泊3日） かみじ会館 15名参加
	上久原	10月15日～18日（3泊4日） 上久原公民館 7名参加
	中久原	11月27日～29日（2泊3日） 中久原新建会館 9名参加

生活以外の時間の使い方についても、内容は分館役員らで話し合い、地域の人が指導しての竹トンボづくりやかかしづくり、水辺の生態系調査などを行ったり、座禅や読み聞かせ会やミステリーナイトツアーを行ったりと、子どもたちのためにいろいろな体験活動を企画してもらっている。

久山町アンビシャス運動推進協議会では、「子どもたちが家庭から離れ、仲間との合宿生活を通して、日頃体験できない集団生活体験、勤労体験、自発的活動体験などを経験することで、家庭の大切さを実感するとともに、自主性・自発性・協調性を培い、心豊かにたくましく生きぬく能

年度	地区	内容
平成16	猪野	10月21日～23日（2泊3日）かみじ会館 19名参加
	上山田	10月7日～9日（2泊3日）いつき会館 12名参加
	下山田	10月6日～9日（3泊4日）下山田公民館 10名参加
	草場	9月15日～18日（3泊4日）のぞみ会館 8名参加
	上久原	人数不足で断念
	中久原	9月8日～11日（3泊4日）中久原公民館 9名参加
	下久原	10月27日～30日（3泊4日）下久原公民館 9名参加
	東久原	9月8日～11日（3泊4日）東久原公民館 12名参加
平成17	猪野	10月19日～22日（3泊4日）かみじ会館 13名参加
	上山田	10月5日～8日（3泊4日）いつき会館 10名参加
	下山田	10月5日～8日（3泊4日）下山田公民館 12名参加
	草場	9月7日～10日（3泊4日）のぞみ会館 9名参加
	上久原	10月19日～22日（3泊4日）上久原公民館 11名参加
	中久原	9月28日～10月1日（3泊4日）中久原公民館 6名参加
	下久原	9月14日～17日（3泊4日）下久原公民館 8名参加
	東久原	9月7日～10日（3泊4日）東久原公民館 16名参加
平成18	猪野	10月25日～28日（3泊4日）かみじ会館 11名参加
	上山田	10月4日～7日（3泊4日）いつき会館 11名参加
	下山田	10月4日～7日（3泊4日）下山田公民館 12名参加
	草場	10月18日～21日（3泊4日）のぞみ会館 8名参加
	上久原	10月25日～28日（3泊4日）上久原公民館 11名参加
	中久原	10月31日～11月3日（3泊4日）中久原公民館 12名参加
	下久原	10月11日～14日（3泊4日）下久原公民館 14名参加
	東久原	9月6日～9日（3泊4日）東久原公民館 6名参加
平成19	猪野	10月17日～20日（3泊4日）かみじ会館 14名参加
	上山田	10月10日～13日（3泊4日）いつき会館 16名参加
	下山田	9月26日～29日（3泊4日）下山田公民館 10名参加
	草場	10月17日～20日（3泊4日）のぞみ会館 7名参加
	上久原	10月24日～27日（3泊4日）上久原公民館 8名参加
	中久原	10月24日～27日（3泊4日）中久原公民館 8名参加
	下久原	10月10日～13日（3泊4日）下久原公民館 12名参加
	東久原	9月12日～15日（3泊4日）東久原公民館 13名参加

年度	地区	内容
平成20	猪野	10月22日～25日（3泊4日）かみじ会館 19名参加
	上山田	10月22日～25日（3泊4日）いつき会館 13名参加
	下山田	9月24日～27日（3泊4日）下山田公民館 10名参加
	草場	10月22日～25日（3泊4日）のぞみ会館 6名参加
	上久原	10月22日～25日（3泊4日）上久原公民館 12名参加
	中久原	10月22日～25日（3泊4日）中久原公民館 11名参加
	下久原	10月15日～18日（3泊4日）下久原公民館 12名参加
	東久原	10月22日～25日（3泊4日）東久原公民館 9名参加

年度	地区	内容
平成21	猪野	新型インフルエンザのため中止
	上山田	新型インフルエンザのため中止
	下山田	新型インフルエンザのため中止
	草場	新型インフルエンザのため中止
	上久原	10月21日～24日（3泊4日）上久原公民館 14名参加
	中久原	2月25日～27日（2泊3日）中久原公民館 10名参加
	下久原	新型インフルエンザのため中止
	東久原	新型インフルエンザのため中止

年度	地区	内容
平成22	猪野	10月27日～30日（3泊4日）かみじ会館 15名参加
	上山田	10月13日～16日（3泊4日）いつき会館 13名参加
	下山田	10月6日～9日（3泊4日）下山田公民館 12名参加
	草場	10月6日～9日（3泊4日）のぞみ会館 9名参加
	上久原	10月20日～23日（3泊4日）上久原公民館 12名参加
	中久原	10月24日～30日（6泊7日）中久原公民館 11名参加
	下久原	10月27日～30日（3泊4日）下久原公民館 14名参加
	東久原	10月6日～9日（3泊4日）東久原公民館 16名参加

年度	地区	内容
平成23	猪野	10月26日～29日（3泊4日）かみじ会館 14名参加
	上山田	10月26日～29日（3泊4日）いつき会館 12名参加
	下山田	10月12日～15日（3泊4日）下山田公民館 17名参加
	草場	10月12日～15日（3泊4日）のぞみ会館 10名参加
	上久原	10月26日～29日（3泊4日）上久原公民館 8名参加
	中久原	10月23日～29日（6泊7日）中久原公民館 7名参加
	下久原	10月26日～29日（3泊4日）下久原公民館 13名参加
	東久原	10月5日～8日（3泊4日）東久原公民館 11名参加

年度	地区	内容
平成24	猪野	10月24日～27日（3泊4日） かみじ会館 15名参加
	上山田	10月17日～20日（3泊4日） いつき会館 8名参加
	下山田	10月14日～17日（3泊4日） 下山田公民館 14名参加
	草場	10月24日～27日（3泊4日） のぞみ会館 10名参加
	上久原	10月24日～27日（3泊4日） 上久原公民館 12名参加
	中久原	10月24日～27日（3泊4日） 中久原公民館 13名参加
	下久原	10月24日～27日（3泊4日） 下久原公民館 16名参加
	東久原	10月3日～6日（3泊4日） 東久原公民館 17名参加
平成25	猪野	10月16日～19日（3泊4日） かみじ会館 13名参加
	上山田	10月16日～19日（3泊4日） いつき会館 8名参加
	下山田	10月14日～17日（3泊4日） 下山田公民館 10名参加
	草場	10月16日～19日（3泊4日） のぞみ会館 9名参加
	上久原	10月16日～19日（3泊4日） 上久原公民館 12名参加
	中久原	10月16日～19日（3泊4日） 中久原公民館 10名参加
	下久原	10月16日～19日（3泊4日） 下久原公民館 18名参加
	東久原	10月16日～19日（3泊4日） 東久原公民館 14名参加
平成26	猪野	10月22日～25日（3泊4日） かみじ会館 16名参加
	上山田	10月22日～25日（3泊4日） いつき会館 11名参加
	下山田	10月5日～8日（3泊4日） 下山田公民館 19名参加
	草場	10月22日～25日（3泊4日） のぞみ会館 4名参加
	上久原	10月22日～25日（3泊4日） 上久原公民館 11名参加
	中久原	10月22日～25日（3泊4日） 中久原公民館 10名参加
	下久原	10月22日～25日（3泊4日） 下久原公民館 18名参加
	東久原	10月22日～25日（3泊4日） 東久原公民館 17名参加
平成27	猪野	10月21日～24日（3泊4日） かみじ会館 18名参加
	上山田	10月21日～24日（3泊4日） いつき会館 13名参加
	下山田	10月21日～24日（3泊4日） 下山田公民館 12名参加
	草場	10月21日～24日（3泊4日） のぞみ会館 9名参加
	上久原	10月21日～24日（3泊4日） 上久原公民館 11名参加
	中久原	10月21日～24日（3泊4日） 中久原公民館 13名参加
	下久原	10月21日～24日（3泊4日） 下久原公民館 24名参加
	東久原	10月21日～24日（3泊4日） 東久原公民館 23名参加

力を身につける」という目的で、地域通学合宿研修会を行っている。実施にあたっては、福岡県から講師を招いてノウハウ研修を行い、地域で行う通学合宿の実施意義について、関わる大人たちの共通理解を深め、内容の充実を図っている。

■通学合宿の今後

福岡県内で、通学合宿事業を行っているところはたくさんあるが、全分館で行っている市町村は他にはなく、久山町の子どもは通学合宿に参加する機会が平等にあるということになる。平成二十二年に久山中学校で行ったアンケートでも、七六%の生徒が通学合宿に参加したことがあると回答しており、平成九年度から平成二十七年度までの十九年間で、延べ一二三〇人の児童が通学合宿に参加している。分館役員にとっては、企画から運営まで非常にご苦労が多いとは思われるが、地域の子どもは地域で育てるという趣旨に立ち、この通学合宿事業を今後とも継続していただき、たくさんの地域通学合宿卒業生を生み出していただきたい。

道徳推進運動四十年

■久山町道徳推進委員会の発足

久山町では昭和四十八年に、自治省（現総務省）のコミュニティ・モデル地区としての指定を受けた。そして、コミュニティ施設や環境の整備を進めるとともに、ふれあいの醸成、環境の美化、健康の管理のための諸施策を活発に進めてきた。しかし、自然環境に恵まれて人情豊かな久山町にも都市化の波は遠慮なく打ち寄せてくる。そして、好ましくない情報の氾濫に加え、経済の豊かさによる生活環境の変化の中で、青少年の非行が急激に増えて、町民を驚かせた。

久山町社会教育委員会では、これらの対策に関する町民意識をアンケートによって調査したところ、「町民の力で非行化を防止したい」というのが大方の願望であることがわかった。そこで、その解決方法を検討した結果、策はいろいろと考えられるが、究極の道は「家庭や社会における道義、礼節の高揚にある」との結論に達した。

昭和五十二年、文部省（現文部科学省）の学校道徳教育協同推進指定校の話があり、学校と町関係者で協議をした結果、学校を中心として家庭、社会に道徳を啓蒙することは時節柄大切なことであり、青少年の健全育成にもつながるとの見解に立ち、協同推進校として指定を受けることになった。そして、「地域ぐるみの道徳教育」というテーマをかかげ、これを達成する方策として、久山町道徳推進委員会を結成し、その中に学校部会、家庭部会、社会部会を設けて、互いに連携を保ちながら、一貫した方針のもとに町をあげての道徳推進運動を展開することになった。

初代道徳推進委員長・
河邊謙太郎先生

現在の道徳推進運動の基本方針及び重点目標

● 基本方針

道徳推進運動三十周年記念アピールを受け、平成十九年

久山町道徳推進委員会組織図

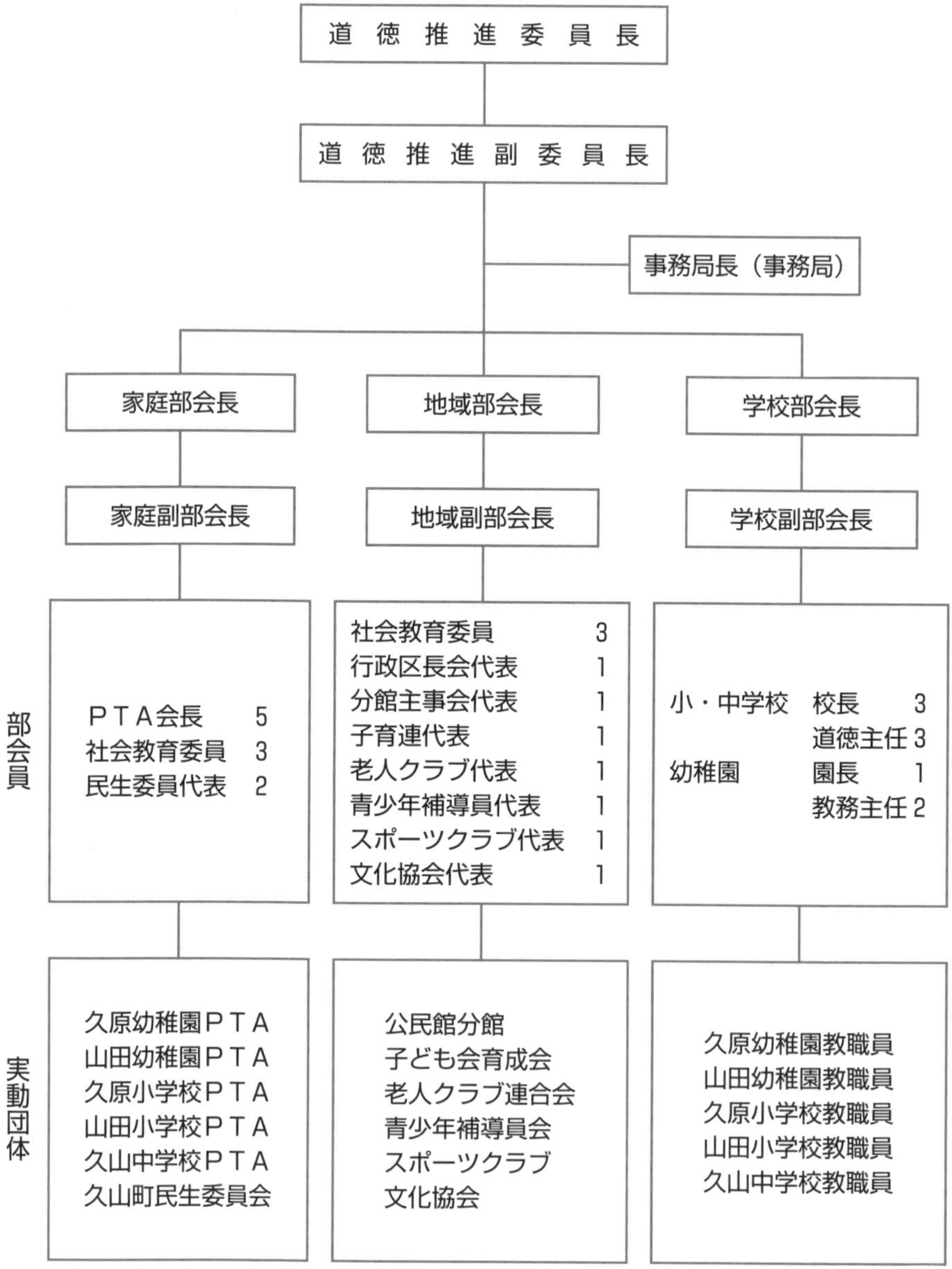

度より二十年間、豊かな心を育てるために道徳への町民の理解と関心を高めながら、推進運動の充実を図り、家庭・地域・学校が一体となって実践活動を展開していく。

●道徳推進委員会実践活動

〈委員会全体の活動〉

・あいさつ運動の実施（毎月二十日、居住校区の中学校・小学校・幼稚園）
・「広報ひさやま」による啓発（「道徳シリーズ」の掲載）
・有線放送による啓発（祝日の日の丸掲揚、あいさつ運動の呼びかけ）
・道徳記念講演会の実施
・小学校新一年生への「道徳カルタ」、道徳啓発冊子「伸びよ親と子」配布の実施

〈家庭部会の活動〉

・家庭におけるあいさつや会話の奨励
・家庭のふれあいの推進
・「早寝・早起き・朝ごはん」の推進
・「〝久山〟家庭教育宣言」の推進
・「親子で守る久山e―ネット宣言」の推進

〈地域部会の活動〉

・地域（世代間交流）でのあいさつ運動の奨励

・地域で生かそう声かけ運動（各区総会で声かけの奨励、各種団体で声掛けの奨励、自宅前〈玄関先〉で声掛けの奨励）

〈学校部会の目標〉

・共に未来をつくる心を育てる道徳教育の推進
・あいさつと正しい言葉づかいの奨励
・学校周辺の美化活動の充実
・体験や地域の人・もの・ことを活かした道徳教育の推進
・道徳教育実践交流会の実施
・手作り弁当の取り組みと推進

■道徳推進委員会の取り組み

●道徳カルタ

①道徳カルタの経緯

昭和五十二年に道徳推進委員会が結成され、子どもたちの道徳教育のためのさまざまな活動の一つとして昭和五十六年、同委員会が中心となり、遊びながら道徳心を身につけてもらえるようにと道徳カルタの標語を一般に公募した。その二三六点の中から子どもたちの道徳を育成するものを厳選して、五十音からなる道徳カルタを完成した。そのカルタをただ家庭に配布するだけではなく、各地区で予選会を開催して各学年男女二名を選出し、昭和五十七年二月十一日、勤労青少年ホームにおいて第一回道徳カルタ大会が開催された。以降、毎年この時期に開催され、平成二十八年には三十五回目の大会が行われた。また、平成十二年には、道徳カルタの標語の一部に今の時代にそぐわない部分があったことなどから、新しい道徳カルタを作成した。

②道徳カルタのねらい

家庭の中で兄弟や親と子、家族みんなが、道徳カルタを通して標語の意味を理解し、コミュニケーションを高め、その中で、家庭の教育力や道徳心を向上していくことが、この道徳カルタの最大のねらいである。家庭の中で何度も繰り返しカルタを行うことで、子どもの普段の生活に少しでも活かされることを期待している。

道徳カルタ

③道徳カルタの成果と課題

当初、道徳推進委員会が中心となって大会が運営されていたが、近年では、子ども会育成会主導で大会が運営され、育成会行事のような位置付けになっていることは否めない。しかしながら、三十五回にわたり大会を行ってきたことや、新一年生への道徳カルタの配布、道徳記念講演会でのカルタの販売を通じて道徳カルタを普及できたのも、子ども会育成会の方々や道徳推進委員の尽力の賜物であることは周知のとおりである。

また、大会の中では、競技の前後に「よろしくお願いします」「ありがとうございました」と、きちんとあいさつをかわし、礼儀を重んじて競技を行っている。

●あいさつ運動

これまで「広報ひさやま」や有線放送での啓発だけだったあいさつの奨励を、平成十七年度からは、毎月二十日の道徳の日に道徳推進委員が幼稚園、小学校、中学校の正門前に立ち、通園・通学してくる子どもたち一人ひとりに声をかけ、あいさつをすることとした。

平成十八年度からは、区長さんをはじめ、区民の方にも道徳推進運動の趣旨をご理解いただき、それぞれの地区の通学路で通学中の子どもたちに、声かけ運動を行っていただいている。

山田小学校でのあいさつ運動

地域でのあいさつ運動

●ふれあい弁当

子どもたちは、誰でも将来大きく成長する可能性を秘めており、立派な社会人として成長してくれることは、私たち大人の切実な願いである。しかし、急激な社会の変化で、子どもたちを取り巻く環境も変化し、本来身につけるべき基本的な資質・能力が十分身についていない現状が指摘されている。

学校と家庭との連携によりなされてきた事業として、小学校では、昭和五十八年度より毎月二十日の道徳の日に「ふれあい弁当」を実施している。

この取り組みは、弁当をとおして親子のふれあいを深める目的で始まった。

親は、子どもたちに好き嫌いなく、残さず食べてくれるようメッセージを添え、子どもたちは、弁当を作ってくれた親に感謝し、「ありがとう」の手紙を添えて空の弁当箱を親に返したり、子どもから、学校で頑張っていることや、

手作り弁当を食べる子どもたち

■道徳記念講演会の講師一覧

	講師名	開催日	場　所
1	平塚益徳（日本教育会会長）	昭和55年11月20日（木）	久山会館
2	中村八大（作曲家）	昭和56年11月２日（木）	久原小体育館
3	これからの教育を考えるつどい	昭和57年11月21日（日）	久山会館
4	杉山邦博（アナウンサー）	昭和58年11月19日（土）	久山会館
5	椋　鳩十（童話作家）	昭和59年11月17日（土）	久山会館
6	筑紫美主子（佐賀にわか）	昭和60年11月16日（土）	久山会館
7	鈴木治彦（アナウンサー）	昭和61年11月３日（祝）	久山会館
8	佐渡ヶ嶽慶兼（元横綱琴桜）	昭和62年11月19日（木）	久山会館
9	豊原ミツ子（元アナウンサー）	昭和63年11月20日（日）	久山会館
10	阿部　進（教育評論家）	平成元年11月19日（日）	久山会館
11	山本コウタロー（歌手・DJ）	平成２年11月23日（祝）	久山会館
12	安西愛子（歌手・参議）	平成３年10月19日（土）	久山会館
13	海原小浜（漫才師）	平成４年10月24日（土）	久山会館
14	小林完吾（フリーアナウンサー）	平成５年10月29日（金）	久山会館
15	林田スマ（フリーアナウンサー）	平成６年10月28日（土）	久山会館
16	納富昌子（フリーアナウンサー）	平成７年10月28日（金）	久山会館
17	神田　紅（講釈師）	平成８年11月24日（日）	久原小体育館
18	ブライアン・バークガフニ（大学教授）	平成９年11月21日（金）	久山会館
19	志波芳則（東福岡教諭）	平成10年11月20日（金）	久山会館
20	むかい治英（歌手）	平成11年11月12日（金）	レスポアール久山
21	内田玲子（教育カウンセラー）	平成12年11月17日（金）	レスポアール久山
22	米倉斉加年（俳優・演出家）	平成13年12月８日（土）	レスポアール久山
23	イルカ（シンガーソングライター）	平成14年11月21日（木）	レスポアール久山
24	バイマーヤンジン（チベット声楽家）	平成15年11月21日（金）	レスポアール久山
25	横山正幸（福岡教育大学教授）	平成16年11月23日（祝）	レスポアール久山
26	桂　才賀（落語家）	平成17年11月18日（金）	レスポアール久山
27	水谷　修（夜回り先生）	平成18年11月18日（土）	レスポアール久山
28	高石ともや（歌手）	平成19年11月21日（水）	レスポアール久山
29	佐藤剛史（九大大学院助教）	平成20年11月19日（水）	レスポアール久山
31	大野勝彦（美術館館長）	平成22年11月19日（金）	レスポアール久山
32	宇津木妙子（元全日本女子ソフトボール監督）	平成23年11月18日（金）	レスポアール久山
33	林　覚乗（南蔵院23世住職）	平成24年11月29日（木）	レスポアール久山
34	小久保裕紀（NHK 解説者）	平成25年11月26日（火）	レスポアール久山
35	渡部陽一（戦場カメラマン）	平成26年11月27日（木）	レスポアール久山
36	東儀秀樹（雅楽師）	平成27年11月17日（火）	レスポアール久山

※第30回はインフルエンザのため中止

楽しみにしている弁当のことを親に伝え、親はそれに応えるといった、こころのキャッチボールを行っている。

●道徳記念講演会

昭和五十五年十一月二十日、日本教育会会長・平塚益徳氏を招き、「国際社会からみたわが国の道徳教育」と題して第一回道徳記念講演会を開催し、以来三十六回の講演会を行っている。この講演会を通して、多くの町民の方々に道徳推進の大切さを考えていただき、また、未来を担う青少年を育成する機会となるように、毎年十一月に実施している。

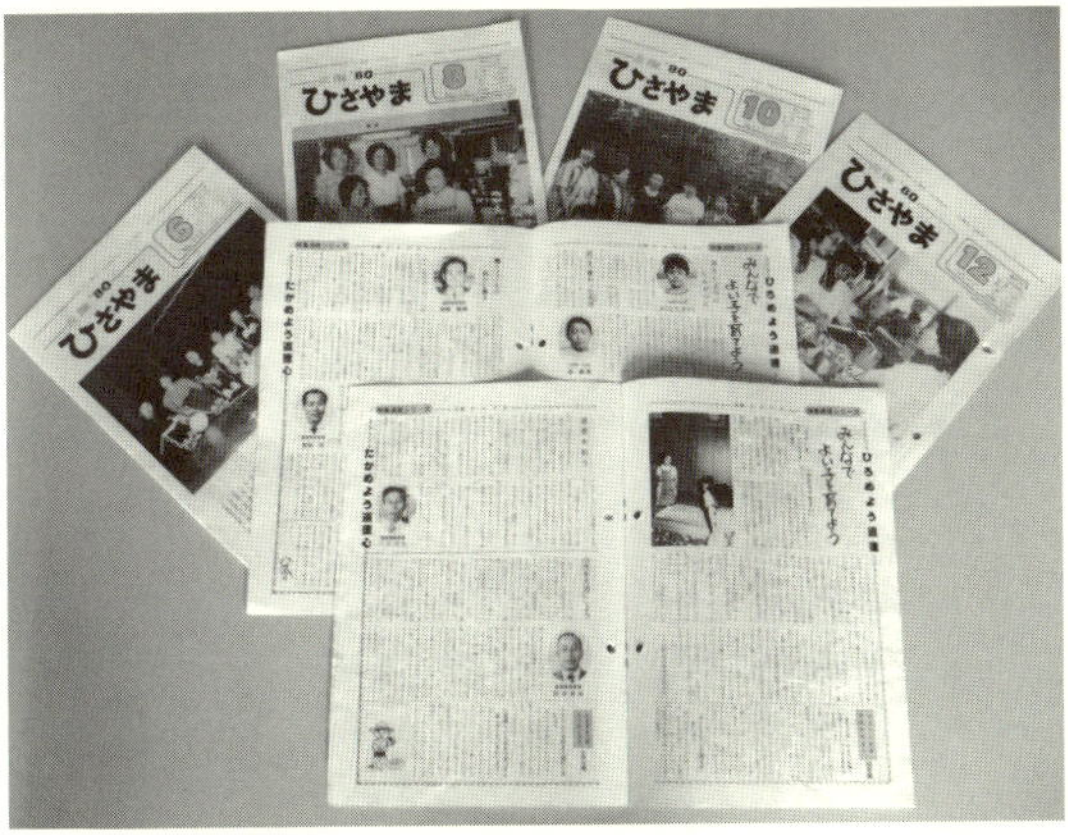

「広報ひさやま」

●「広報ひさやま」への「道徳シリーズ」の掲載

道徳推進委員に道徳についての作文を書いていただき、昭和五十六年度より毎月「広報ひさやま」に掲載している。

■道徳推進運動四十年のあゆみ

昭和五十二年度　文部省道徳教育研究の地域指定委嘱を受ける

久山町道徳推進委員会発足（家庭・地域

・学校部会の三者連携により道徳推進運動を展開する）

昭和五十三年度　「ふれあい・美化・健康」をスローガンとして道徳推進運動を展開
ふれあいに関するアンケート調査の実施
道徳標語募集

昭和五十四年度　文部省道徳教育研究の地域指定の再委嘱を受ける
国旗掲揚運動の実施
道徳推進掲示板作成（各区一カ所）

昭和五十五年度　文部省地域指定道徳教育研究発表会の開催
道徳の日の設定（毎月二十日）
道徳冊子「伸びよ親と子」の作成
道徳推進啓発大看板設置（三カ所）
道徳記念講演会の開催（以降毎年開催）
道徳カルタの作成

昭和五十六年度　道徳カルタ大会の開催（以降毎年開催）
道徳教育研究公開授業の開催（以降毎年各学校で開催）
「広報ひさやま」への「道徳シリーズ」の掲載（以降毎月掲載）

昭和五十七年度　心のふれあいに関する意識調査の実施

昭和五十八年度　美化運動月間の設定（六・九・十二・三月）

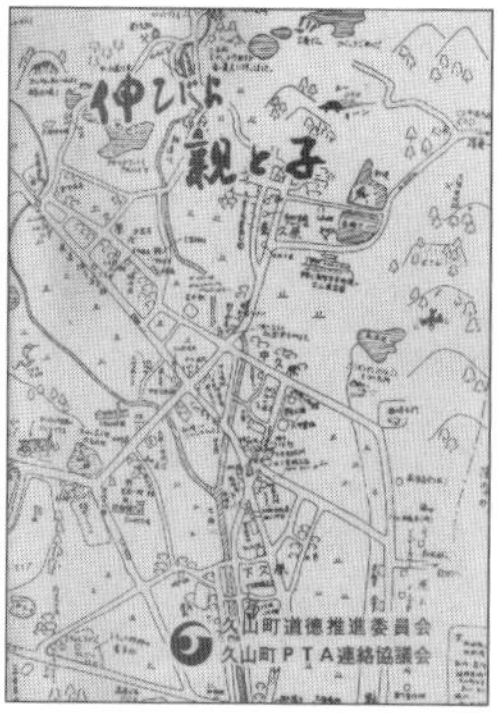

道徳冊子「伸びよ親と子」

昭和五十九年度　ふれあい弁当の実施（以降毎月二十日に両小学校で実施）
平成元年度　道徳推進運動ポスターの募集
平成八年度　道徳の日の町内一斉美化運動の実施
　　　　　「いじめ防止」講演会の開催
平成九年度　久山町制四十年道徳の町宣言町民大会の開催
　　　　　道徳推進委員会規約の改正（各部会に部会長、副部会長を置く）
　　　　　道徳推進委員の拡大（三十名）
平成十二年度　新道徳カルタの作成
　　　　　新道徳カルタ・「伸びよ親と子」が「広報ひさやま」に掲載
平成十四年度　文部科学省道徳教育推進地域指定委嘱
　　　　　久原小学校で道徳研究発表会の開催
平成十五年度　久山中学校で文部科学省道徳教育研究中間報告会の開催
　　　　　文部科学省主催の平成十五年度道徳教育推進研究協議会において山田小学校が地域指定研究のまとめを発表
平成十六年度　道徳サミット開催（久山町、鹿児島県横川町、

道徳サミット

長崎県有家町が参加）
平成十七年度　道徳教育保護者アンケート調査の実施
道徳啓発パンフレット発行
山田小学校で県重点課題道徳教育研究発表会開催
道徳看板の作成
久山の三つの心（ふれあいの心、思いやりの心、感謝の心）の制定
学校・幼稚園でのあいさつ運動実施（毎月二十日）
平成十八年度　道徳推進運動三十周年記念事業
地域での声かけ、あいさつ運動実施（毎月二十日）
「〝新〟家庭教育宣言」の実施
平成十九年度　久山中学校、久原・山田両小学校において手作り弁当を実施
平成二十年度　「伸びよ親と子」を再構成し、道徳記念講演会時に配布
平成二十一年度　久山中学校で道徳授業発表会を開催
平成二十二年度　山田小学校で道徳実践交流会を開催
平成二十三年度　久原小学校で道徳教育実践交流会を開催
平成二十四年度　久原・山田幼稚園で道徳教育実践交流会を開催
平成二十五年度　山田小学校で道徳教育実践交流会を開催
平成二十六年度　久原小学校で道徳教育実践交流会を開催

平成二十七年度　久山中学校で道徳教育実践交流会を開催

※本稿は『久山町道徳推進運動三十周年記念誌　響きあう心の豊かさを久山（ふるさと）に』（久山町・久山町教育委員会・久山町道徳推進委員会、二〇〇六年）に一部加筆・修正を施したものである。

私が見た久山町6

社会福祉法人久山町社会福祉協議会事務局長
伴　義憲

私は、平成二十六（二〇一四）年まで久山町教育委員会に勤務していた。退職まで延べ二十年間、久山町の教育行政に関わり、今も地域行事に積極的に参加させていただいている。

わくわく通学合宿や道徳あいさつ運動、道徳記念講演会、道徳カルタ大会などを企画・運営または参加するなかでいろいろな出来事があったが、今日、元気で素直な久山の子どもたちを見ると、こうした取り組みが生きていることを感じる。

ここでは、町民の皆様から道徳推進作文として募集した中の入選作品を「広報ひさやま」の昭和五十五（一九八〇）年八月号に「道徳シリーズ」として掲載したところ、「とてもよかった」と反響があり、私の心にも残っている作文があるのでご紹介したいと思う。

「ふれあいの心が咲かせた花一輪」　吉田朗子

この町にきて十五年、子どもたちもよい環境の中で伸び伸びと育っている。成長するにつれ、親の心配も限りなく、思案に暮れることも度々である。小さな店を営んでいる関係、時折何ともわびしい光景を見せられる事がある。そんな時、必ず思い出す顔、そして声がある。「よかたい、あんたの欲しいだけもっていきない！」今は亡き父の言葉である。私はそのとき「また、おじいちゃんは、あんな事ばかり言って」と思っていたものです。

　そうですね。あれは、五、六年前になるでしょうか、突然差出人がわからない手紙が父宛に届きました。不思議そうに封を切り読み始めた

久原小学校でのあいさつ運動

父の目がうるみ黙って私にその手紙を突き出したのです。「ぼくは、小さい時に店に来ては、お菓子を取っていました。今思えば、どうしてあんな事をしたのかと……ぼくが働いて初めてもらった給料の中からわずかですが、お詫びの気持ちでおくります」という内容で千円札一枚が同封されておりました。私も感動のあまり言葉もありませんでした。その時の父の顔を今でも思い出します。

　と共に「こういう姿、心」こそ、永い年月かかって根づいた、家庭教育、学校教育、そして、「地域住民の心のふれあい」によって、なし得た成果ではないだろうか！　青少年の非行が県下××番目と騒がれている昨今私たちの町、久山町に、こんなにも健全ですばらしい心をもった若者たちが育っている事を誇りとして、「心のふれあい」の輪が、ひろく根強いものになるよう願っています。

久山町関連年表

和暦	西暦	久山町	社会の動き
昭和31	1956	9 久山町誕生（人口6676人） 10 第1回町長選挙（江口浩平氏当選）	12 日本、国際連合に加盟
昭和32	1957	9 第1回町議会議員選挙（久原8人、山田8人）	1 南極観測隊、昭和基地開設
昭和33	1958	3 久原－山田幹線道路竣工 4 山田幼稚園開園 この年、明治鉱業高田炭坑久原抗閉山	3 関門国道トンネル開通 12 一万円札発行
昭和35	1960	10 第2回町長選挙（江口浩平氏再選）	1 日米新安保条約調印 9 カラーテレビ放送開始
昭和36	1961	2 久原有線放送施設完成 猪野千人館落成 9 第2回町議会議員選挙 10 九州大学の成人病指定町になる（健診事業元年）	4 ソ連、有人衛星打ち上げ成功
昭和37	1962	3 久山中学校増築工事竣工 9 消防団第3分団、福岡県消防操法大会優勝	8 堀江謙一氏、ヨットで太平洋横断に成功 10 キューバ危機
昭和38	1963	4 山田有線放送施設完成 7 山田幼稚園増築工事竣工 9 成人病健診「ひさやま方式」、明るい社会賞受賞	11 三井三池炭鉱爆発事故 ケネディ米大統領暗殺
昭和39	1964	3 久原幼稚園増築工事竣工 10 第3回町長選挙（小早川新氏当選）	10 東海道新幹線開通 東京オリンピック開催

昭和40	1965	2 助役制度廃止 9 第3回町議会議員選挙 12 県道福岡－直方線舗装工事竣工 塵芥収集開始	6 日韓基本条約調印 この年、ベトナム戦争激化
昭和41	1966	10 米国NIH一行視察来庁 12 県道筑紫野－古賀線改良工事竣工	6 ビートルズ来日 この年、航空機事故多発（全日空、カナダ太平洋航空、英国海外航空）
昭和42	1967	5 久山町土地開発公社設立 6 麻生山田炭鉱閉山	
昭和43	1968	3 久原地下歩道完成 6 山田支所閉鎖 10 第4回町長選挙（小早川新氏再選） 11 原工場団地完成	10 川端康成氏、ノーベル文学賞受賞 12 三億円事件
昭和44	1969	7 猪野バスセンター完成 9 第4回町議会議員選挙	7 アポロ11号、月面着陸 この頃、大学紛争激化
昭和45	1970	7 久山町章決定 10 久山町新庁舎落成 久原ダム竣工 12 都市計画市街化区域及び調整区域決定	3 大阪万博開幕 よど号ハイジャック事件
昭和46	1971	4 「広報ひさやま」創刊 町内巡回バス「やまばと号」運行開始 5 旧庁舎解体 12 町営有線放送施設完成	6 沖縄返還協定調印

昭和47	1972	1 山田地区簡易水道竣工 4 幼稚園2年保育開始 社会福祉法人久山福祉協会発足 5 久山スポーツクラブ結成 10 第5回町長選挙（小早川新氏三選） 老人いこいの家落成	1 横井庄一氏、グアム島で発見 2 札幌オリンピック開催 5 沖縄返還、沖縄県発足 9 日中国交正常化
昭和48	1973	4 山陽新幹線久山トンネル開通 8 久山中学校、サッカー全国大会出場 9 第5回町議会議員選挙 山田・久原幼稚園新園舎完成 10 山陽新幹線福岡トンネル開通 11 成人病健診「ひさやま方式」、西日本文化賞受賞 山田・久原小学校創立百年祭 12 久山音頭完成	10 第1次オイルショック 11 関門橋開通
昭和49	1974	3 山田小学校、ミニバスケット全国大会出場 5 町民グラウンド完成 12 下山田公民館落成	3 小野田寛郎氏、ルバング島で発見
昭和50	1975	3 久山長寿会、山陽新幹線一番列車乗車 6 若葉荘完成 12 新犬鳴トンネル開通	3 山陽新幹線、岡山―博多間開通 7 沖縄海洋博開幕
昭和51	1976	3 久山会館落成 5 下久原公民館落成	2 ロッキード事件発覚 7 田中角栄前首相逮捕

昭和51	1976	9 久山中学校新校舎落成 10 第6回町長選挙（小早川新氏四選） 町制20周年記念式典 久山町町花（エビネ）、町木（ケヤキ）決定	
昭和52	1977	3 下山田体育館落成 8 道徳推進委員会発足 久山中学校体育館落成 久山勤労者体育センター落成 9 第6回町議会議員選挙 成人保健対策、自治大臣表彰	9 王貞治氏、本塁打世界記録達成 日航機ハイジャック事件
昭和53	1978	12 保健センター落成	5 新東京国際空港（成田空港）開港 8 日中平和友好条約調印
昭和55	1980	4 ごみ分別収集開始 10 第7回町長選挙（小早川新氏五選）	9 イラン・イラク戦争勃発
昭和56	1981	3 赤坂緑道完成 7 勤労青少年ホーム落成 7 久原小学校体育館落成 8 健康宣言策定、健診20周年記念式典 9 第7回町議会議員選挙	3 神戸ポートアイランド博覧会開幕
昭和57	1982	2 第1回道徳カルタ大会	2 日航機、羽田沖に墜落
昭和58	1983	3 農村コミュニティセンター（いつき会館）落成 9 第35回保健文化賞受賞	4 東京ディズニーランド開園 10 三宅島噴火

昭和59	1984	7 東久原集会所落成 10 第8回町長選挙（小早川新氏六選） この年、予防歯科事業開始	3 グリコ・森永事件
昭和60	1985	7 助役制度復活 9 第8回町議会議員選挙 久原小学校落成	8 日航機、御巣鷹山に墜落
昭和61	1986	8 農産加工センター落成 10 国土調査開始 粕屋南部消防組合に加入	4 チェルノブイリ原発事故
昭和62	1987	6 久山中学校プール完成 8 各行政区で田園地区計画策定	4 国鉄民営化、JRスタート
昭和63	1988	4 久山幼児園開設 10 久山町民図書室開設 第9回町長選挙（小早川新氏七選）	3 青函トンネル開通 6 リクルート疑惑発覚
平成元	1989	1 久山町基本構想「健康田園都市」決定 3 久山町構造改善センター（農村センター）落成 9 藤河・黒河集会所落成 第9回町議会議員選挙	1 昭和天皇崩御、元号「平成」に 4 消費税（3％）導入
平成2	1990	8 久山町国土利用計画決定	10 東西ドイツ統一
平成3	1991	1 財団法人久山健康田園都市財団設立 10 リーディングプロジェクト事業指定 健診30周年記念式典	1 湾岸戦争勃発 6 雲仙普賢岳で火砕流発生

平成4	1992	9 山田小学校新校舎落成 10 第10回町長選挙（佐伯勝重氏当選） 下水道事業着手	6 PKO協力法成立
平成5	1993	7 上海中医薬大学との協力意向書調印 9 第10回町議会議員選挙 10 第1回まつり久山開催	5 Jリーグ開幕 6 皇太子殿下、雅子様ご成婚
平成6	1994	3 猪野公民館兼柔剣道場（かみじ会館）落成 久山町老人保健福祉計画策定 11 温泉湧出	6 松本サリン事件
平成7	1995	3 ㈱レオロジー機能食品研究所設立 4 東陽台町営住宅落成 久山町文化財保護審議会発足 11 久山町文化協会発足	1 阪神淡路大震災 3 地下鉄サリン事件
平成8	1996	3 上海中医薬大学から専門員招聘 下水道一部供用開始 4 ヘルスC&Cセンター（ピアジェ久山）落成 7 第2次久山町行政改革推進委員会発足 平田町営住宅落成 10 第11回町長選挙（佐伯勝重氏再選） 11 道徳の町宣言、町制40周年記念式典	7 O－157感染多発
平成9	1997	2 レイクサイドホテル久山オープン 3 新建会館落成 4 生涯学習推進モデル町指定	4 消費税率、5％に引き上げ

平成9	1997	4 福岡地区安定型産業廃棄物広域処分場久山処分場開業 6 第2次久山町国土利用計画決定 9 第11回町議会議員選挙	7 香港、中国へ返還
平成10	1998	12 猪野ダム竣工	2 長野オリンピック開催
平成11	1999	4 幼稚園3年保育開始 草場集会所落成 大型商業施設トリアス久山オープン 久山町浄水場通水開始 7 久山町文化交流センター（レスポアール久山）落成 ひさやま元気市オープン 11 下山田原田農住組合土地区画整理事業竣工	1 欧州統一通貨「ユーロ」導入
平成12	2000	4 粕屋中南部休日診療所落成 久山町高齢者交流センター（ふれあい館）落成 7 久山町都市計画審議会設置 10 第12回町長選挙（佐伯勝重氏三選）	5 西鉄バスジャック事件
平成13	2001	7 成人病健診40周年記念式典 8 上久原集会所落成 9 第12回町議会議員選挙	9 米国同時多発テロ
平成14	2002	3 特別養護老人ホームレイクウッド久山落成 7 第2次久山町総合計画決定 8 福岡市・博多小学校と久原小学校が姉妹校締結 10 韓国・白石中学校と久山中学校が姉妹校締結	5 サッカーワールドカップ日韓大会開幕 9 日朝首脳会談

平成15	2003	8 久山交番開署	3 イラク戦争勃発
平成16	2004	10 第13回町長選挙（鮎川正義氏当選） 11 道徳サミット開催	3 九州新幹線開通 10 新潟県中越地震
平成17	2005	4 中間法人久山生活習慣病研究所発足 6 久山町立保育所落成 9 第13回町議会議員選挙 この年、首羅山遺跡調査開始	3 福岡県西方沖地震
平成18	2006	2 第1回百姓談義開催 3 久山町行政改革大綱及び集中改革プラン策定 4 福岡久山相撲場落成 10 町制50周年記念式典 第58回保健文化賞受賞 消防団本部分団、全国消防操法大会優良賞（5位）受賞 糟屋6町合併研究会発足	
平成19	2007	3 久山町道徳推進委員会が福岡県教育文化表彰受賞 6 久山グラウンドゴルフ場竣工 7 糟屋6町合併協議会設立準備会発足 8 猪野行政区、国土交通大臣表彰受賞 12 糟屋6町合併協議会設置白紙撤回	10 郵政民営化 この年、食品偽装問題が次々発覚
平成20	2008	10 第14回町長選挙（久芳菊司氏当選）	9 リーマン・ブラザーズが経営破綻（リーマン・ショック）

年	西暦	久山町	国内
平成21	2009	6 第3次久山町国土利用計画決定 9 第14回町議会議員選挙	9 民主党・社会民主党・国民新党の連立政権誕生
平成22	2010	2 子育て支援センター「木子里」落成	
平成23	2011	5 東日本大震災被災地派遣開始 10 生活習慣病予防健診50周年記念式典	3 東日本大震災
平成24	2012	1 コミュニティバス「イコバス」運行開始 2 第3次久山町総合計画決定 10 第15回町長選挙（久芳菊司氏再選）	12 自民党が政権奪取
平成25	2013	3 第1回ひさやま猪野さくら祭り開催 首羅山遺跡が国史跡に指定される 7 皇太子殿下、生活習慣病予防健診事業視察 9 第15回町議会議員選挙 10 久山町土地開発公社解散 11 第1回久山の秋の食フェスタ開催	9 2020年の東京オリンピック開催決定
平成26	2014	4 下山田地区ゾーン30設定 5 久山いやさか市開催 11 首羅山遺跡授業が第45回博報賞・文部科学大臣奨励賞受賞	4 消費税率、8％に引き上げ
平成27	2015	3 海外語学留学支援制度開始 5 第1回久山いやさか市開催 災害時における物資調達に関する協定調印（コストコ）	

平成27	2015	7	絵本『わたしたちの首羅山ものがたり』が第9回キッズデザイン賞受賞	10 社会保障・税番号制度スタート
		12	ひさやま地元学開講	
平成28	2016	3	久山町総合戦略策定	4 熊本地震
		4	久山町総合運動公園多目的グラウンド完成	
		5	生活習慣病予防講演会（60周年記念事業）	
		7	文化財講演会国際シンポジウム（60周年記念事業）	
		10	町制60周年記念式典	

参考文献

久山町役場総務課編『ひさやま・二十年の歩み写真集』一九七六年
大谷健『久山町長の実験――地方が中央を越えるとき』草思社、一九八二年
久山町役場総務課編『健康への挑戦』資料提供西日本新聞社・九州大学、一九八二年
久山町役場総務課編『久山町の素顔　実験・町の政治――西日本新聞社連載から』一九八二年
江口浩平『久山町成人病検診発足之記』一九八九年
久山町誌編纂委員会編『久山町誌』上・下巻、久山町、一九九六年
祢津加奈子『剖検率一〇〇%の町――九州大学久山町研究室との四十年』ライフサイエンス出版、二〇〇一年
浅野純一郎「地区計画による市街化調整区域の土地利用マネジメント手法の検証――福岡県久山町を対象として」（日本都市計画学会編『都市計画論文集』二〇〇九年）
『第三次久山町総合計画』久山町、二〇一一年

久山町主要データ

■人口の推移（毎年３月31日現在）

区分	世帯数	人口			人口指数	１世帯あたり平均人員	人口密度（人／㎢）
		総数	男	女			
昭和35年	1,278	6,848	3,388	3,460	100.0%	5.36	183
50年	1,887	7,666	3,703	3,963	111.9%	4.06	205
60年	1,982	7,567	3,624	3,943	110.5%	3.82	202
平成元年	2,009	7,578	3,630	3,948	110.7%	3.77	202
５年	2,101	7,572	3,644	3,928	110.6%	3.60	202
10年	2,232	7,558	3,604	3,954	110.4%	3.39	202
15年	2,446	7,799	3,756	4,043	113.9%	3.19	208
20年	2,702	8,114	3,884	4,230	118.5%	3.00	217
25年	2,898	8,321	4,004	4,317	121.5%	2.87	222
28年	3,114	8,460	4,070	4,390	123.5%	2.72	226

（資料：住民基本台帳）

■年齢別人口（平成28年５月31日現在）

年齢	総数	男	女
０～４	376	176	200
５～９	531	302	229
10～14	430	201	229
15～19	393	201	192
20～24	359	182	177
25～29	334	167	167
30～34	452	222	230
35～39	611	294	317
40～44	649	336	313
45～49	472	244	228
50～54	436	215	221

年齢	総数	男	女
55～59	484	249	235
60～64	565	256	309
65～69	709	351	358
70～74	492	218	274
75～79	435	200	235
80～84	336	141	195
85～89	231	74	157
90～94	119	35	84
95～99	37	4	33
100～	9	2	7
計	8,460	4,070	4,390

（資料：住民基本台帳）

■近隣市町との人口比較（平成22～25年は３月31日現在、平成26年以降は１月１日現在）

	久山町	福岡市	古賀市	新宮町	篠栗町	粕屋町	須恵町	志免町	宇美町
平成22年	8,394	1,396,789	57,996	24,649	31,656	42,267	26,014	43,013	37,868
平成23年	8,326	1,409,297	58,156	25,310	31,632	42,628	26,382	43,913	37,903
平成24年	8,289	1,422,831	58,445	26,160	31,532	43,154	26,580	44,745	37,946
平成25年	8,321	1,459,411	58,911	27,651	31,621	43,960	27,074	45,500	37,923
平成26年	8,355	1,474,326	58,643	28,349	31,608	44,636	27,234	45,700	37,896
平成27年	8,344	1,486,314	58,370	29,729	31,530	45,109	27,372	45,821	37,726

（資料：住民基本台帳年報）

久山町主要データ

■幼稚園の状況

区分		久原	山田	計
平成18年度	学級数	3	3	6
	園児数	69	66	135
平成19年度	学級数	3	3	6
	園児数	72	70	142
平成20年度	学級数	3	3	6
	園児数	70	78	148
平成21年度	学級数	3	3	6
	園児数	88	74	162
平成22年度	学級数	4	3	7
	園児数	93	81	174
平成23年度	学級数	4	3	7
	園児数	90	75	165
平成24年度	学級数	4	3	7
	園児数	90	73	163
平成25年度	学級数	4	3	7
	園児数	92	66	158
平成26年度	学級数	4	3	7
	園児数	79	66	145
平成27年度	学級数	4	3	7
	園児数	80	58	138
平成28年度	学級数	3	3	6
	園児数	69	53	122

（資料：学校基本調査）

■学校の状況

区分		久原小	山田小	小学校計	久山中
平成18年度	学級数	12	8	20	8
	園児数	244	216	460	246
平成19年度	学級数	10	9	19	9
	園児数	235	225	460	246
平成20年度	学級数	11	7	18	8
	園児数	264	228	492	230
平成21年度	学級数	12	8	20	7
	園児数	274	223	497	218
平成22年度	学級数	13	8	21	7
	園児数	298	218	516	215
平成23年度	学級数	13	9	22	8
	園児数	301	229	530	232
平成24年度	学級数	13	10	23	8
	園児数	311	226	537	231
平成25年度	学級数	13	11	24	8
	園児数	319	228	547	236
平成26年度	学級数	13	11	24	8
	園児数	320	253	573	234
平成27年度	学級数	15	11	26	9
	園児数	344	252	596	233
平成28年度	学級数	15	12	27	10
	園児数	355	253	608	247

（資料：学校基本調査）

■久山町立保育所の状況（各年度４月１日の在籍数）

	0歳児	1歳児	2歳児	3歳児	4歳児	5歳児	計	定員
平成18年度	3	17	13	12	12	15	72	90
平成19年度	2	14	26	22	16	14	94	90
平成20年度	6	18	17	41	26	17	125	120
平成21年度	5	21	20	26	37	26	135	120
平成22年度	3	18	27	22	31	40	141	120
平成23年度	5	18	20	32	25	33	133	120
平成24年度	2	20	18	20	32	23	115	120
平成25年度	3	13	15	22	24	34	111	120
平成26年度	2	21	17	22	25	25	112	120
平成27年度	2	16	26	26	23	30	123	120
平成28年度	3	16	17	30	27	25	118	120

（資料：健康福祉課）

久山町主要データ

■国指定文化財

項　目	指定年月日	名　称	管理者（団体）
天然記念物	昭和30年 8 月22日	立花山クスノキ原始林	農林水産省
史　跡	平成25年 3 月27日	首羅山遺跡	久山町

■福岡県指定文化財

項　目	指定年月日	名　称	管理者（団体）
有形文化財（考古資料）	平成27年 3 月17日	伝白山神社経塚出土品	福岡県

■久山町指定文化財

号	項　目	指定年月日	名　称	管理者（団体）
1	天然記念物	平成10年10月23日	天照皇大神宮の欅	天照皇大神宮
2	有形民俗文化財	平成10年10月23日	久山町役場の兵事関係文書	久山町
3	天然記念物	平成10年10月23日	旧水取宮境内地のイチョウ	天照皇大神宮
4	天然記念物	平成10年10月23日	旧水取宮境内地の大藤	天照皇大神宮
5	史　跡	平成13年 2 月22日	原石棺群	久山町
6	天然記念物	平成13年10月17日	石黒池のオグラコウホネ・ヒメコウホネ群落	久山町
7	有形民俗文化財（彫刻）	平成22年 2 月23日	銅造釈迦如来坐像	清谷寺
8	有形民俗文化財（彫刻）	平成22年 2 月23日	木造十一面観音立像	清谷寺
9	有形民俗文化財（彫刻）	平成22年 2 月23日	木造地蔵菩薩立像	清谷寺
10	有形民俗文化財（彫刻）	平成22年 2 月23日	木造天部形立像	清谷寺
11	有形民俗文化財（彫刻）	平成22年 2 月23日	宋風獅子	上久原行政区
12	有形民俗文化財（彫刻）	平成22年 2 月23日	薩摩塔	上久原行政区

■公園

名　称	設置年	面積（ha）
久山総合グラウンド公園	昭和50年10月	5.8
赤坂緑道	昭和54年 4 月～58年 3 月	6.3
猪野児童公園	昭和30年 4 月	0.3
上山田児童公園	昭和50年 4 月	0.3
下山田児童公園	昭和48年 5 月	0.4
草場児童公園	昭和36年 4 月	0.2
上久原児童公園	昭和51年 4 月	0.4
中久原児童公園	昭和46年 6 月	0.3
下久原児童公園	昭和40年 4 月	0.4
東久原児童公園	昭和50年 9 月	0.3
新建川緑道	平成19年 4 月	5.8
総合運動公園（多目的グラウンド）	平成28年 4 月	0.9

（資料：田園都市課）

編集後記

久山町が誕生して六十周年を記念し、本書を製作した。久山町は、都市近郊にありながらも独特な土地政策により自然を多く残し、健康事業では世界に誇れる「ひさやま方式」が確立され、伊野天照皇大神宮や首羅山に代表される歴史や文化など見所もたくさんある。

本書を編集するに当たって、これらは一朝一夕にできたものではなく、遙か昔から、この地に縁《ゆかり》のある方々の英知と努力による賜物であることに気づかされた。「久山町ってどんなところ」と見つめ直したとき、良い面が多く思いつくのか、悪い面が多く思いつくのか、感じ方は人それぞれだと思う。しかし、物事の表面だけを捉えるのではなく、そこに至った歴史的背景や関わった人の気持ちを併せて知ることにより、また違った見え方をするのではないだろうか。

本書を読むことで、久山町を深く知り、それを何らかの形で多くの人に発信できるようになっていただければと願う。

［久芳浩二］

二十二年前、東京都葛飾区の職員から縁あって久山町へ転職した。「うちの町にはなんもないよ」と転職してすぐに言われて驚いた。自然も歴史もいっぱいなのに。

十数年前から町民の方と一緒に首羅山遺跡を通じて様々な活動を行っている。久山町の本当のすごさは、豊かな歴史と文化と地勢に育まれた「久山の町民性」であることに気づいた。九七％を市街化調整区域とした徹底した自然保護、地域に継承される伝統行事、五十五年間の九州大学との健診事業や四十年間の地域ぐるみの道徳教育、十年間の首羅山授業など、この町にしか到底できないことを、気負わずやっている八五〇〇人の町民の力がすごい！　今盛んに言われている自然とか協働とかコミュニティとか健康とか生きがいとか、時代の最先端が揃い、町民の方々は皆さん元気で楽しそうで優しい。

刊行を目前に、私の心には「凡事徹底」という言葉が浮かび上がっている。そして、久山町のことをより多くの方々に知っていただきたいと思う。

最後に、本書の刊行にあたり、ご寄稿いただいた方々、海鳥社の田島卓氏に深く感謝申し上げます。［江上智恵］

久山町《ひさやままち》町制《ちようせい》60周年《しゆうねん》
8500人《にん》のまちづくり
久山町《ひさやままち》の「これまで」と「これから」
■
2016年9月30日　第１刷発行
■
編集　久山町
■
発行　久山町
〒811-2592　福岡県糟屋郡久山町大字久原3632
電話092(976)1111　FAX092(976)2463
http://www.town.hisayama.fukuoka.jp
発売　有限会社海鳥社
〒812-0023　福岡市博多区奈良屋町13番４号
電話092(272)0120　FAX092(272)0121
印刷・製本　大村印刷株式会社
ISBN 978-4-87415-984-2
http://www.kaichosha-f.co.jp
［定価は表紙カバーに表示］